皇帝マルクス・アウレリウス騎馬像(ローマ，カピトリーノ美術館蔵)
本書第 I 部第七章，99-101 頁参照.

マルクス・アウレリウス『自省録』

精神の城塞

荻野弘之
Hiroyuki Ogino

書物誕生
あたらしい古典入門

岩波書店

目次

目次

第Ⅱ部　作品世界を読む

自己対話のテクスト空間

装丁＝森　裕昌

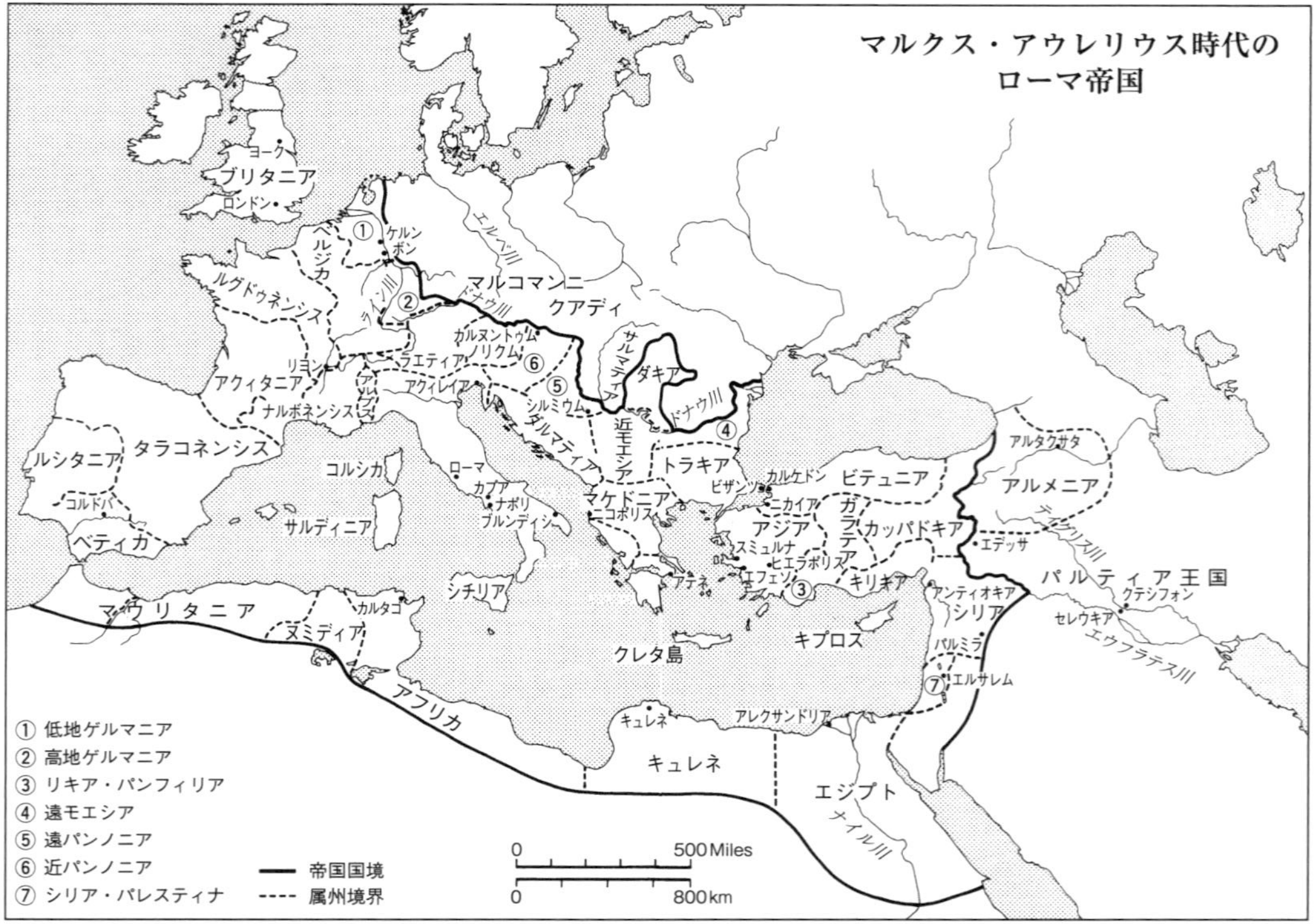

出典）A. Birley, *Marcus Aurelius: A Biography*, revised edition, Routledge, 1987.

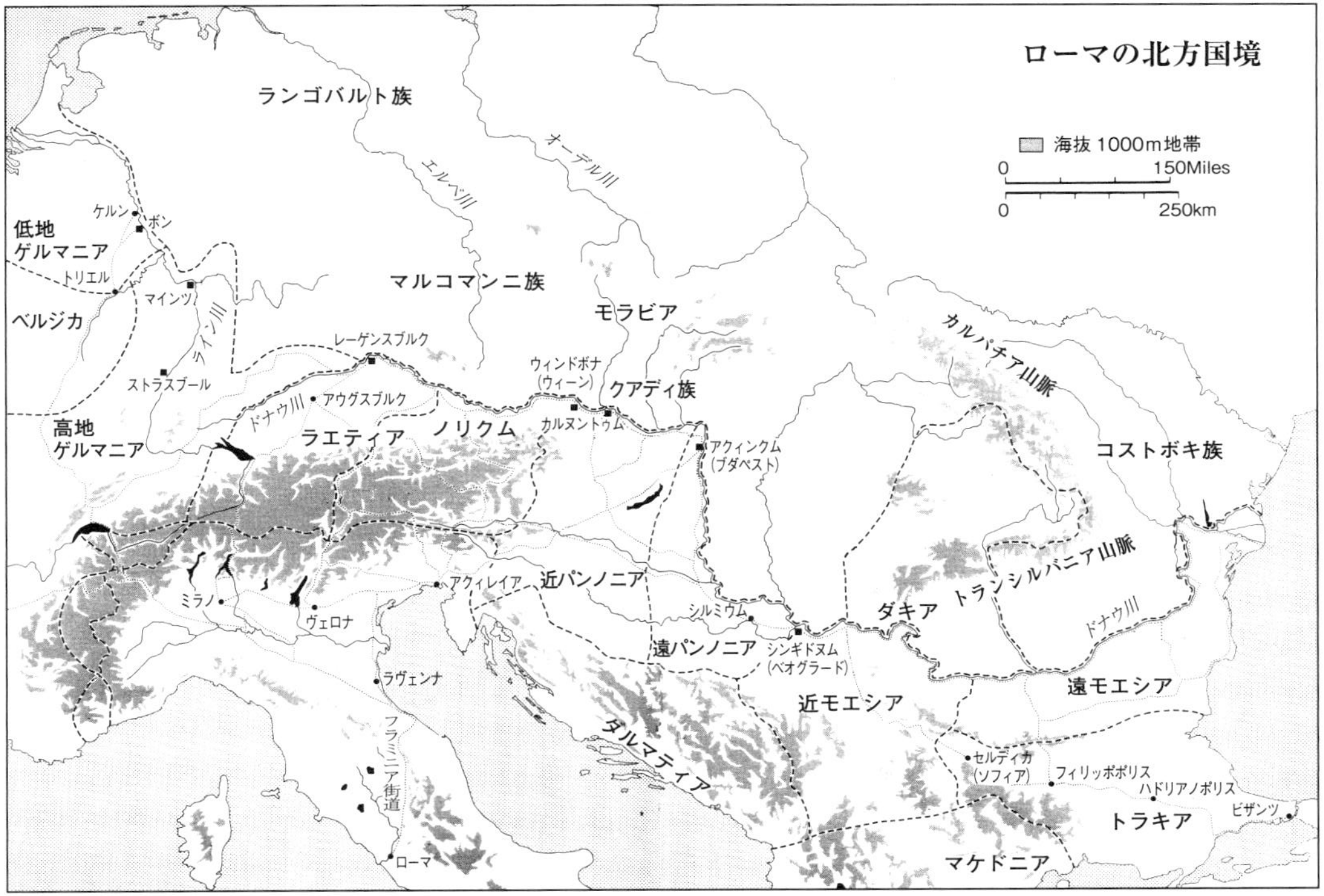

出典）A. Birley, *Marcus Aurelius: A Biography*, revised edition, Routledge, 1987.

プロローグ

「万人のための、しかも誰のためでもない、一冊の書」(Ein Buch für alle und keinen)

深遠な解釈学的真理の洞察とも、単なる子供の悪戯とも、『マクベス』に出てくる魔女の呪文ともとれそうなこの言葉は、言うまでもなく『ツァラトゥストラはこう言った』の「副題」に添えられた高名な警句である。ニーチェはかの永劫回帰の構想を披瀝するにあたって、何重にも寓意とパロディーが綾なす祝祭空間の門前に、機智に富んだ逆説の碑文を掲げた。名訳者・氷上英廣(岩波文庫)は少しばかり踏み込んで「だれでも読めるが、だれにも読めない書物」と訳してみせたが、その真意がどこにあるのかは、他にもいろいろ考えられそうだ。

のっけから読者を煙に巻くかのような大仰な仕掛を施しながら、それでもニーチェは近代の終焉、人間を超克する季節を迎えて、辛抱強く「読者」を期待している。そう、時代に先駆けるあまり世に認められない芸術家が、孤高を持しつつ「知己を千載の外に待つ」ように。つまりそれは「よく読むことを、すなわち、底意をもち、扉を開けたままにして、敏感な指と眼で、ゆっくりと、深く、後にも前にも気を配りながら読む」者であり、書物はただひたすら「完全な読者と文献学者だけを招く」(『曙光』序文)のである。

本書で扱うローマ皇帝マルクス・アウレリウスの『自省録』は、まさに「万人のための、しかも誰のためでもない、一冊の書」であろう。ただしそれはニーチェの場合とは事情が異なる。あえて敷衍《ふえん》すれば「誰のために書いたのでもない、それにもかかわらず、いやむしろそれゆえに、万人に読まれうる、一冊の書」とでも言えようか。

実際『自省録』は易しくて、しかも難しい本である。文庫版で本文二四〇頁ほど、手頃な厚さで大著とはいえない。ページをめくりながら自分の気に入った断章を拾い読みしているうちに、誰しも、心洗われるような言葉、胸を突かれる名句、印象深い比喩に出会えることは間違いない。憂愁を湛えた行文にはいささか好悪もあろうが、時おり垣間見える著者の誠実な人柄も感銘深い。最初から最後まで通読する必要はない。通勤電車の中でも、寝床でもよい。気の向いた時に手にとって、パラパラと本をめくりながら暫時読書にふける。自分の生き方を反省し、瞑目してぼんやりと来し方行く末を思う。降りる駅に着いたら鞄にしまう——そう、それで充分なのだ。たとえ著者の真意から少しはずれて理解したとしても、自分を心底から慰め、励ましてくれる言葉に出会うとすれば、つまり情報として消費され、いつの間にか傍らを過ぎていくのではなく、心に残る言葉にめぐりあうとすれば、それは――聖書や仏典にも通じる――「創造的な誤読」とでもいうべき至福の読書経験ではないだろうか。

他方で、誰のために書いたのでもない『自省録』は、その成立の経緯、著作の意図、本文の伝承経路のいずれもが、今なお深い霧に覆われている。確かにそれは、読者を想定した通常の「著作」とは異なって「日記」や「備忘録」に近いかもしれない。

マルクス帝の生涯は、本人がそれを否定するにもかかわらず(『自省録』九・二九)、古来プラトンの構想した理想の為政者・哲人王(『国家』四七三D、『第七書簡』三二六B)に擬せられてきた(『ローマ皇帝群像』二七・七)。だが同じ書くにしても、彼はアウグストゥス帝のように自己の輝かしい偉業の数々を逐一口述筆記させたのではないし、引退した政治家の常套で、往時の秘話を公開し、政策の正当性を主張する類の「回顧録」を著したのでもない。むしろその意味では「書かれた文字とは、本来自分のためだけになされる備忘録にすぎない」(『パイドロス』二七六D)とする点でこそ、プラトンの理念を継承する者であった。

仮に『自省録』が「備忘録」であれば、それはすでに完成した著作から抜粋されたのか、それとも逆に著作を完成させるための準備なのか。その場合、本文のテクストから著者の本来の意図なり思想なりを正確に抽出するためには、通常の著作以上に困難な作業を必要とする。未完の草稿群であるパスカル『パンセ』の研究が、各断章の筆記の痕跡や前後関係の推測など、壮大な「キリスト教弁神論」の構想をめぐる精緻な文献学的考証を必要とするのに似た事情がある。『自省録』は一般に後期ストア派の代表作と目されてきたし、またそれは揺るがしがたい事実であるとしても、微視的に見れば、正統ストア主義からの微妙な逸脱や他の学派との影響関係なども無視できない。その思索の鑿跡《のみあと》を精確に辿ることは決して容易な作業ではないのだ。わが国でも一般読書界における人気に比して、一見通俗的な装いのためか、学問的な研究対象となる機会は少なかった。欧米におけるストア哲学の研究の進展により、開拓の鍬《くわ》が入れられるようになったのは、ようやくここ二〇年ほどのことなのである。

『自省録』は成立の経緯からして、日付こそないが、日記に近い性格をもつことも事実である。とはいえ、それはいかなる種類の日記なのだろうか。紀貫之『土佐日記』はじめ平安時代に咲きほこった日記文学の数々、藤原定家『明月記』から永井荷風『断腸亭日乗』に至る文学者の観察記録、また実存哲学の代表作、G・マルセル『存在と所有』から、大戦下のユダヤ人少女の悲劇を綴った『アンネ・フランクの日記』まで、古今東西さまざまな「日記」が知られている。この中には日記の形式を借りた（つまり暗黙のうちに読者を想定した）虚構としての日記も含まれている。

だが『自省録』は、そもそも誰を読者としているのか。頻出する「君」という二人称の呼びかけは誰に向けられているのだろうか。それは著者自身だけであるようにも思えるが、しかしよく見るとあちこちに抑制された修辞が施されていて、読者を想定している節もある。

ここ数年、サイバー空間の中で急速に増殖しつつあるブログも基本的には「日記」の形式をとることが多い。とはいえそれは、もはや自分だけの備忘録を目的としたものではなく、また「交換日記」

のように、思春期特有の濃密な交友関係の中で育《はぐく》まれる「秘密の共有」の感覚でもない。私生活の表層、特に趣味の領域を公開し、それを不特定多数への閲覧に晒《さら》すことによって、知人との交流を促進し、趣味を共有する未知の読者との接触を期待するものであろう。とすれば、日本文学の本流ともいえる「私小説」のジャンルが、情報技術によって改鋳された通俗的形態、と見ることもできようか。物心ついた時からインターネット環境にあり、ブログ文化に慣れた近未来の読者にとって『自省録』はどう読まれるのだろうか。

「書物誕生」というシリーズの一角をなす本書は『自省録』を丸ごと扱う「書物についての書物」ではあるが、本文に逐語的な解説を加える註釈書でも、マルクス帝の思想を全体として概説する解説書でもない。ましてやマルクスを引用しながら自己啓発を勧める人生論でもない。それらの要素を含みつつも、欧米での最新の研究成果を参照しつつ、この書物と著者の周辺を踏査することによって、『自省録』という奇妙な書物がいかに成立し、いかに読まれ、また読まれるべきなのか、書物の成立史と影響史に重点を置いたところに特色がある(第I部)。

こうした知見を背景にしながら、次に本文の森に分け入ってみることにしよう。すると一見しただけでは雑多で無秩序な集積としか見えないテクストの深層に、実はストア倫理学の規則が変奏曲のように、少しずつ転調しながら反復・展開する様が見えてくる。ストア哲学を、従来のように単なる教説や理論の総和としてではなく、複合的な規則の適用として理解する視点を取り出してみたい(第II

部)。それによって、これまで平板な人生訓として講壇哲学のうちで低い評価に甘んじてきたローマ・ストア主義を、精彩ある活きた思想として読み直すこと、あえて言えば、J・S・バッハの鍵盤作品『ゴールドベルク変奏曲』の楽譜のように『自省録』を読むこと――それが筆者の秘かに目指した目標なのである。もっとも、こうした理解が的を射ているかは、なお識者の評を俟《ま》ちたいと思う。

本文で詳論するように、古代末期から中世初期にかけて、読む行為、書く行為は、単なる情報のやり取りとは違った次元を持っていた。それは「精神の訓育」(spiritual exercise)とも称される独自の精神性を備えており、中世のキリスト教修道院文化にも大きな影響を与えた。『自省録』を読むことは、同時にこうした読書のもつ意味を改めて考えさせてくれよう。情報通信技術の飛躍的な進展によって、グーテンベルク以来の活字印刷文化は、いま大きな曲がり角に立っている。だが「本を読むこと」は情報の摂取には尽くせない、もっと別の人間的な次元をもつのではないか。本を読むことは、われわれの人生にとっていかなる意味をもつのだろうか。

本書は単独で読んでも構わないが、できれば本書を手掛かりに『自省録』の翻訳を自分で改めて追っていただきたい。横に並べて、参照箇所を眺めながら読み進めてもらえれば、一層理解しやすいと思う。引用に際して、括弧内の数字は『自省録』の巻・章を示した。訳文は最も普及していると思われる神谷美恵子訳(岩波文庫)に準拠しながら、他の邦訳や最近の研究をふまえて筆者が適宜変更を加えた箇所もある。

第I部
書物の旅路

テクスト生誕の謎

第一章　生きられたストア主義

ローマ皇帝マルクス・アウレリウス・アントニヌス（一二一―一八〇、皇帝在位一六一―一八〇）は、二世紀後半、ローマ帝国が繁栄から衰亡へと向かう転機に立つ人物である。暴君ドミティアヌスが暗殺され、ネルウァが登位（九六年）して以来、養子相続によってトラヤヌス、ハドリアヌス、アントニヌス・ピウスと政治的実力と見識を兼備した名君が相次ぎ、帝国は平和と繁栄を謳歌する「黄金時代」（saeculum aureum）を迎えた。トラヤヌス帝の時代にローマは最大の版図に達し、東はエウフラテス川から黒海の南岸、パレスティナ、エジプトからリビア、カルタゴを経てジブラルタル海峡に至る北アフリカ全域、西はブリテン島の南部（現在のイングランド）、北はライン川の西岸からドナウ川の南岸、ダキア（現在のルーマニア）に及んだ。地中海は完全に「内海」となり、経済的文化的な交流が進展して帝国は隆昌を極めた。しかし「世界史上、人類が最も幸福隆盛であった」（ギボン『ローマ帝国衰亡史』第三章）いわゆる「五賢帝」と称される時代の最後を飾るマルクスの時代は、水害や疫病が相次いで勃発するとともに、辺境に蠢動《しゅんどう》する蛮族の活動によって、ローマの平和(Pax Romana)が次第に侵蝕されていく衰亡期の始まりでもあった。

歴代のローマ皇帝と較べてマルクス・アウレリウスが特異な位置にあるのは、彼が単に政治史の上で特筆されるからではない。政治的な力量と業績という点から見れば、初代のアウグストゥスをはじめ、ティベリウス、トラヤヌス、ハドリアヌス、また後のコンスタンティヌスなど、いずれも遥かに燦然《さんぜん》と輝く巨星たちであろう。むしろマルクス帝は『自省録』という一冊の小さな書物によって、哲学者・文学者としてその名を残すことになった。哲人皇帝、すなわちセネカ(前一頃―後六五)、ムソニウス・ルフス(三〇頃―一〇一)、エピクテトス(五五―一三五頃)、アリアノス(九五頃―一八〇)と続く初期帝政ローマ期のストア学派の最後を飾る人物とされるのである。

当代一流の学者・家庭教師たちの影響もあって彼は少年時代から哲学に傾倒し、富裕な名門家庭に生まれながら、弱冠一二歳の折に、昼は粗末な外套一枚で過ごし、夜は硬い床に直に寝るというストア的な生活(エピクテトス『語録』三・二二参照)を実践したという(ユリウス・カピトリヌス『哲学者マルクス・アントニヌスの生涯』二)。だが国事多難は、もはや彼の理想とする読書と瞑想に沈潜する生活を許さなかった。即位後は、相次ぐ実子の夭折《ようせつ》という家庭的な不幸にもめげず、共治帝に処遇した凡庸な義弟を叱咤しながら、元老院や民衆の世論とも協調しつつ、国事の処理に奔走した。

とはいえ、征服皇帝トラヤヌスのように素朴な尚武の気風とは縁遠いマルクスにとって、宮廷での華美な公生活は、追従《ついしょう》と打算に満ちた醜悪な世界にすぎない(『自省録』二・一、一一・一四)。他方カリグラやネロのように、いかに背徳を指弾されようが公事を放擲《ほうてき》してひたすら私的な文芸趣味に耽溺するには、おのれの義務に忠実でありすぎた。プロローグでもふれたように、哲学と政治が一人の人格のうちに統合した稀有な実例として、同時代からすでに彼の生涯はプラトンの「哲人王」の実現とも評される(『哲学者マルクス・アントニヌスの生涯』二七参照)。だがこの両者は、絶対確実な原理(哲学)から具体的な政策(政治)がおのずと演繹されるごとき単純な関係ではない。彼自身の比喩によれば、それは「仕える場所」(継母)と「憩う場所」(実母)という微妙な均衡を保つ相補的な生の舞台だったのである(六・一二)。

マルクス帝は当然のことながら職業的な学者ではなく、独創的・体系的な思想家でもない。また通常の著述家、文学者とも異なる。この点が哲学者列伝のうちでも特異な位置を占めている所以である。彼は寒風吹き荒《すさ》ぶドナウ河畔のローマ軍駐屯地にあって国防の陣頭指揮を執りながら、多忙な政務の折節に書き綴ったごく私的な備忘録『自省録』というただ一冊の小冊子によって、哲学史上に不滅の名を残すことになった。「きわめてわずかの時間の中に、君もあの人間も死んでしまい、その後間もなく君たちの名前すらあとに残らないであろう」(四・六)という透徹した彼の自覚は皮肉にも裏切られ、この書は学者のみならず、時代を超えて数知れぬ読者の慰めや励ましとなってきたのである。

その意味でマルクスの生涯とは、エピクテトスによって先鞭をつけられたローマ的ストア主義の理念が、単なる画餅にとどまらず実際に生きられた思想的標本である。「彼の生涯は〔ストア派の開祖〕ゼノンの学説に対する最も気高い註解である」(ギボン前掲書)とも評される。解放奴隷と皇帝――つまりローマ社会の末端と頂点という対極的な立場にある者同士が、同じ思想を共有する。この近代的なイデオロギー論を嘲笑うかのごとき逆説こそ、まさにストア主義の核心であったのだ。

だがストア派の哲学を生きるとは何を意味するのだろうか。エピクロス派、懐疑主義などヘレニズム諸学派が、いずれも「生の技法」(ars vivendi)に収斂《しゅうれん》する、強い実践的志向を持っていたことはよく知られている。しかもそれは単なる心術や常識を延長した人生訓の域を遙かに超えて、精緻な自然学や認識論に支えられた独特の体系をなし、老舗のアカデメイア(プラトン)派やペリパトス(アリストテレス)派とも拮抗しながら相互に複雑な影響を及ぼしあい、古代地中海世界の思想的可能性を開拓していったのである。一九八〇年代以降英米のヘレニズム研究の目覚ましい進展は、一六―一八世紀における哲学史上のリバイバル、そして一九世紀以降の衰退をも視野に収めながら、こうした思想史の全貌に迫ろうとする。

とはいえストア派の「研究」がただちにストア派の生き方を招来するわけではない。それは、近代的な意味での聖書文献学が研究者を必ずしもキリスト教徒のみに限定しないし、またしてはならないのと似ている。ストア派研究の旗手の一人、アンソニー・ロング(一九三七―)によれば、ストア派は「人間本性がいかにこの世界全体に適合するかを説明する体系を志向した点で、諸学派のうちで最も野心的」であり、その行き過ぎは「高貴な誤謬」であるという。三〇年以上にわたり研究対象として魅了されながらも「自分はストア主義者ではない」と断言する(A. A. Long, *Stoic Studies*, 1996, p. xi)。氏の態度は、内外を問わず、現在の研究者に共通する立場であろう。

英米に比べてヘレニズム「研究」の後進国たるわが国でも、事情はさして変わらない。とはいえ、ストア哲学が日本に移入される過程においては、冷静な学問研究以上の実践的関心が、その大きな動機をなしていたようである。

『自省録』の訳者、神谷美恵子(一九一四―七九)の場合がまさにそれにあたる。彼女は精神科医・随筆家として広く知られているが、ペンシルバニア州ブリンマー・カレッジでギリシア文学を学び、津田塾や神戸女学院で教授職にあったものの、古代哲学の専門研究者ではない。二二歳で肺結核が再発し、軽井沢で療養中に病床でギリシア語を独習した。「死ぬまでに人類が書いた偉大な書物をなるべく読んでおきたいという大それた願望から」新約聖書、プラトン、ホメロスなどに親しむ過程で『自省録』の原典を通読し、戦後ほどなくして米国から帰朝し、結婚した後に、呉茂一(一八九七―一九七七)の勧めで翻訳に従事した。当時三五歳、夫は大阪大学に単身赴任中で、生まれたばかりの男児二人の育児をしながらの仕事であったという(創元社、一九四九年初版、一九五六年岩波文庫版)。ストア派の術語に関して訳語に問題は残るが、全体に簡潔で雄勁《ゆうけい》な訳文は味わい深く、名訳といえる文章も少なくない。鈴木照雄訳(世界の名著、一九六八年、講談社学術文庫、二〇〇六年)、水地宗明訳(西洋古典叢書、一九九八年)など専門家による新訳が出た今

図1―― 神谷美恵子

出典)『神谷美恵子著作集1 生きがいについて』みすず書房, 1980年, 口絵.

日でも、その独自の魅力は色褪《いろあ》せていない。「一冊の本」との遭遇を彼女はこう回顧する。

この中で皇帝は自己に語りかけているのだが、ふしぎなことに、それがそのまま私に語りかけられているような思いがした。かつて悩みのどん底にいるときに経験した一種の「変革体験」ともいうべきものの意味をここで初めて明らかにしてもらっているという感じである（第一一巻一六章、第九巻三二章の引用、中略）。私もかつて自分の外にあるものをどう受けとめるか、その「受けとめかた」を検討するのが大事だ、と気づかされたのだった。それ以来、暗いところにいた私が明るくなり、人とも交われるようになったと他人からも言われた。

さらにマルクス・アウレリウスは過去も未来も問題にするに足りない、現在だけをよく生きることに専心するがよい、と至るところで言っている。これも三谷隆正先生から教えて頂いたことと一致して、現世をただ「涙の谷」とのみみなす考えから解放してくれ、「生存の重さ」を教えてくれた。その他、到底述べつくせないほどの教えをこの本から受けたので、戦後恩返しの意味でこれを訳して岩波書店から出した。

（『遍歴』みすず書房、八九―九一頁）

神谷にとってそもそもギリシア語の学習は、新約聖書の原典講読を推奨する無教会主義の環境で育てられたことに始まる。叔父金沢常雄の聖書研究会、一高教授三谷隆正との文通、黒崎幸吉や塚本虎二の個人指導など、多くの精神的な交流を背景としている。だが「異端的考えから」新約時代の弛緩したコイネー・ギリシア語の世界だけでは飽き足らず、やがて病床でプラトンやソポクレスなど「古典ギリシャ語の構築学的美しさに全く魅了されてしまう」過程で、キリスト教とは微妙に接続しながら、しかし新約のさらに古層に息づく異質な精神的伝統にふれ、同時代人に大きな影響力のあったヒルティ(後述)を経由して次第にストア倫理学の世界に共感と開放感を見出していったようである。もちろん神谷美恵子を丸ごとストア派の哲学者に数えるには無理があろう。だがハンセン病療養所・長島愛生園での深刻な体験にもとづいた『生きがいについて』や『こころの旅』(いずれもみすず書房)など珠玉の随想の行間に『自省録』の残響を聞き取ることは、注意深い読者であればさほど難しいことではないと思う。「恩返しのつもりで翻訳する」ような訳者など、今日どれほどいるかは定かでない。だが育児の合間を縫って仕上げたという翻訳は、単なる素人の「愛読者」の域をはるかに超え、かといって文献学者の冷静な眼差しとも違った、独自の境涯から発している。それは、ひとつひとつの言葉が鑿《のみ》のようにおのれの魂を刻みあげていくという実感、いわば写経にも似たアスケーシス(修行・修練)の体験ではなかっただろうか。

第二章　マルクス・アウレリウスの生涯とその時代

『自省録』本文の検討に先立って、まず初めに、著者の伝記的な事実にふれておこう。同じく後期ストア派の哲学者のうちでも、解放奴隷出身の私塾教師だった私人エピクテトスと違って、皇帝マルクス・アウレリウスの生涯に関する史料は極めて多い。しかし『自省録』は第一巻を除くと、彼の個人的思想を伝えるものであっても、同時代の政治史や軍事史とはほとんど接点をもたない。それ以外に、折々の発言や演説はロウブ古典叢書『自省録』の巻末(三四六―三八一頁)に収録されている。また弁論家でラテン語文法の教師フロントとの往復書簡(原文ラテン語)が一八一五年ミラノで発見され、師弟の親密な交流の様子を窺わせる(C. R. Haines ed., *The Correspondence of Marcus Cornelius Fronto*, 1920)。

古代の史料としては「ヒストリア・アウグスタ」と通称されるユリウス・カピトリヌスによる伝記「哲学者マルクス・アントニヌスの生涯」(南川高志訳『ローマ皇帝群像1』に収録。原文は D. Magie ed., *The Scriptores Historiae Augustae 1*, Loeb Classical Library 139, 1921)および、歴史家カッシウス・ディオの『ローマ史』六九―七九節(E. Cary ed., *Dio's Roman History*, vol. 8–9, 1925, 1927)が重要である。

近代以降の史書としてはギボン『ローマ帝国衰亡史』(第一―三章)が今なお古典であるが、一代の伝記としてはアンソニー・バーリーの研究書(A. R. Birley, *Marcus Aurelius: A Biography*, 1966, revised 1987)が最も詳細かつ最新の知見を伝えている。以下本書では、事件の年代など主としてバーリーの年譜(pp. 44–45)に準拠する。

名門貴族の家系

マルクスの生涯が政治史の観点からも重要であることはいうまでもないが、ここでは要約にとどめよう。紀元一二一年(ハドリアヌス帝の治世の五年目)四月二六日、当時のローマの高級住宅地カエリウスの丘で生まれた(幼名はマルクス・アンニウス・ウェルス)。母ドミティア・ルキラの実家は資産家だったが、マルクスは教養人でもあった母から、敬神の念と喜捨の心、そして金持とは縁遠い質素な生活の模範を教えられた(一・三)。ウェルス家は属州ヒスパニア(スペイン)の出身ながら貴族に列し、すでに曾祖父の時代には元老院議員を務め、祖父マルクス・アンニウス・ウェルスはハドリアヌス帝の側近で一二六年までに三度も執政官《コンスル》を務めた(『自省録』の冒頭で、清廉と温和を学んだと回想している)。叔父アンニウス・リボも一二八年に執政官になっている(一族の系図は Birley, pp. 232–248 参照)。

哲学と帝王学

法務官《プラエトル》だった父（伝え聞きで節度と雄々しさを学んだという。一・二）と三歳で死別して後は、当時の慣例によって祖父の養子となり、六歳という異例の若さで騎士階級に叙される。名前をもじって「ウェリッシムス」（正直者の意味、まことちゃん）と呼んで可愛がったハドリアヌス帝がひそかに後継者と目していたのであろう。これ以降、名門出身の俊秀として将来を嘱望される。七歳から初等教育が始まるが、一般の学校には通わず、もっぱら家庭教師について自宅で学んだ（一・四）。

一四歳で成人式を迎えた直後にルキウス・ケイオニウス・コンモドゥス（次期皇帝としてアエリウス・カエサルに改名）の娘ケイオニアと婚約。フロント、アレクサンドロス、ヘロデス・アッティクス、ルスティクスら当代一流の学者たちから、ラテン語とギリシア語で弁論、法律、哲学（それもストア派、プラトン派、ペリパトス派にわたる）など「帝王学」の万般を施された。総勢二〇人にも及ぶ恩師たちから、いかなる美徳を学んだかを『自省録』第一巻は懐かしく回顧している。当時の最高水準の教育であろう。

アントニヌス・ピウスの時代

一三八年元旦、アエリウス・カエサルが急死すると、アントニヌス（当時五二歳。後に「ピウス」（慈悲深い）と呼ばれる）が後継者に擁立され、ハドリアヌス帝の意向でマルクスはその養子とされた。七月にハドリアヌス帝が崩御するとアントニヌスが即位。彼はマルクスにケイオニアとの婚約を解消し、自分の娘ファウスティナ（当時八歳）と婚約させた（正式な結婚は七年後、マルクス二四歳）。「カエサル」の称号を与えられ、弱冠一八歳で次期皇帝に指名されて、パラティヌス丘の皇宮に移住した。以降はピウス帝の傍で公職の経験を積むべく、会計検査官《クアエストル》、執政官など要職を歴任する。とはいえ彼の性格からして、栄誉ある職とはいえ公務が楽しい仕事であるはずもなく、弁論の師フロント宛の(前後三〇年に及ぶ)書簡では哲学への強い憧れを吐露している。

家族の肖像

一四七年初めての女児(ドミティア・ファウスティナ)を儲け、「護民官特権」を分与される。妻ファウスティナとの間には双生児を含めて一四人もの子宝に恵まれたものの、多くは夭折した。成人したのは娘五人と息子一人。これが悪名高い後のコンモドゥス帝である。子供の死に対する平静を説く言葉(八・四九、九・四〇、一〇・三五)は一見ストア派の常套を思わせるが(エピクテトス『提要』三、七、一一)、その背後にはこうした自身の悲痛な体験を透かして見なければなるまい。

この皇后は後年、戦陣に常駐する夫の健康を案じたのか、娘のサビナを同伴してドナウ河畔の陣営シルミウムに赴き(一七四年)、軍団兵たちから「陣営の母」とまで慕われたが、翌一七五年、アウィディウス・カッシウスの反乱を鎮圧すべく東方へ遠征する長旅に同行する途中、小アジアのヘラーラで急逝した(享年四五)。マルクスは三〇年間の結婚生活で「従順で優しく飾り気のない妻をもったこと」を感謝している(一・一七)。もっとも彼女には後代、出所不明の艶聞がつきまとい、ギボンすらこれに追随しているが、近年ではマルクスの「実子」たるコンモドゥス帝の悪行の原因が母親に転嫁させられた結果とみる研究者が多い。

即位後の国難

アントニヌス・ピウス帝治下の二三年間は特筆すべき事件に乏しい「秩序ある平和」(tranquilitas ordinis)の時代だった。一六一年三月七日ピウス帝が死去するや、ただちにマルクスが帝位を継承した(正式な称号はインペラトル[皇帝]・カエサル・マルクス・アウレリウス・アントニヌス・アウグストゥス、三九歳)。ハドリアヌス帝の遺志を汲んだ彼は、同じピウス帝の養子ルキウス・ウェルス(三〇歳)を共治帝としたが、この異例の措置は元老院の共和主義者からも歓迎された。

こうして二人の共同統治は順調に滑り出したかに見えたのだが、早くも怪しい雲行きになってきた。この年は冷夏で、小麦や葡萄が不作で大規模な飢饉となり、秋にはテヴェレ川が氾濫して首都に甚大な被害を齎《もたら》した。そしてピウス帝の死に乗じて東方の覇権を狙うパルティア王国が、ローマの同盟国アルメニアに侵攻してきたのである。現地の一個軍団が壊滅し、カッパドキア属州総督セウェリアヌスは自決した。そこでマルクスは一六二年、ルキウスを東方に派遣する。軍務経験のない総帥ルキウスは外遊の物珍しさから異国の観光に明け暮れて無為に時を過ごしたが、ブリタニア駐在の名将スタティウス・プリスクスをこの方面に向かわせて、翌年アルメニア戦役に勝利した。さらにパルティア領内でも戦争が続いたが、一六六年秋に勝利のうちに終結した。マルクスは何かと艶聞の絶えない独身で美男のルキウスの身を案じて、エフェソで娘ルキラ(一四歳)を嫁がせることにした。

ペルガモン出身の医師ガレノス(一二九―一九九)がローマにやって来たのもこの頃のことである。彼は他学派の医師たちとの論争や解剖の実演などで名声を博し、やがて皇帝の知遇を得てその侍医となった。

なお中国では、一六六年に「大秦王安敦」からの使者が異国の文物を携えて日南に来訪した旨の記録があり(『後漢書』西域列伝)、当時の東西交流の隆昌を窺わせて興味深い。

孤独な統治

一六六年一〇月にパルティア戦役の勝利を祝う凱旋式が挙行され、半世紀ぶりの軍事的大勝利に市民は熱狂した。しかし東方から帰還した兵士たちが持ち込んだと思われる疫病(ペスト?)が、その年の夏から翌年にかけて猛威をふるい、それを機に新たな蛮族の脅威が迫っていた。一六八年、二人の皇帝は北方に遠征し、アドリア海を渡って前線基地を視察し、アクィレイアで冬営する。だが翌年初頭、不便な生活に嫌気がさして単独でローマに帰還する途中のルキウスが脳溢血で急死(享年三九)、共同統治は八年で瓦解した。

ローマに一時帰還したマルクスは、若くして未亡人となったルキラ(一九歳)を配下の武将ポンペイアヌス(遠パンノニア属州総督でアクィンクム[現ブダペスト]の軍団長)と再婚させた。以後はこのポンペイアヌスが、北方戦線で実質上の国防の采配を揮《ふる》うことになる。秋には再びゲルマニア戦線に戻り、ドナウ河畔カルヌントゥムに布陣する。おそらくこの頃から『自省録』が書き始められたと思われる。

戦陣での晩年

こうしているうちに東方ではコストボキ族がギリシアに侵攻し、聖地エレウシスを破壊した(一七〇年)。またパスタルナイ人が小アジアに侵入するなど、帝国の各地で国境が脅威に晒《さら》された。いったん和議を講ずるも、この間北方ではマルコマンニ、クアディなどの部族と断続的な戦闘が続く。ローマ市内に立つ「アウレリウス円柱」の浮彫彫刻が、一七二年から本格的に開始される戦役の様子を伝えているものの、正確な戦況は把握しがたい。

一七五年、ダキアに続いてボヘミア地方の属州化を構想していたマルクスの陣営に突然反乱の急使が届く。シリア属州総督のアウィディウス・カッシウスが「皇帝急死」との誤報に接して、軽率にもその後継者に名乗りをあげたのだった。もっともカッシウス自身は蜂起直後に部下の百人隊長に斬殺されて、反乱は呆気なく終熄に向かったが、なお東方地域の政治的安定を図るべく、対峙するサルマティア族と休戦協定を結んでシリア、エジプト方面に向かった。従軍中の皇后が急逝したのはこの時である。

ギリシアに滞在中の一七六年、アテネに財政支援を行って哲学諸学派の復興に助力し、また先帝ハドリアヌスに倣ってエレウシスの秘儀に参入したことは、彼のギリシア文化と哲学に対する関心の高さを窺わせる。同年秋にマルクスは自分のもとに呼び寄せた息子コンモドゥスを伴ってローマに帰還し、凱旋式を挙げた。一七七年元旦、コンモドゥス(一五歳)を執政官に就任させ、ルキウスの後継として共治帝にした。翌年には重臣ブルティウス・プラエセンスの孫娘クリスピナと結婚させて、後継の体制を整えた。

前線での死

一七九年春から本格的な攻勢が始まった。カルヌントゥムの西郊ウィンドボナ(ウィーン)で冬営。一八〇年の春、雪解けと共に攻勢を再開しようとしていた矢先の三月中旬、五九歳を目前にして発病。不治と知るや配下の将軍たちにコンモドゥスへの忠誠と戦役の続行を遺言してからは、飲食も医薬も一切絶って四日後に、ストア派の理想に相応しく従容として臨終を迎えたという(三月一七日)。シルミウムで亡くなったという史料もある。側近や医師たちによる毒殺説もあるが、おそらくは慢性的な消化器疾患に感染症を併発したものであろう。前線で死去した最初の皇帝となった遺体は、陣営内部で火葬に付され、遺灰だけが運ばれてローマの霊廟に埋葬された。

一六世紀以来ローマのカピトリーノ(カンピドーリオ)広場に立つ騎馬像は、帝政時代から現存する唯一の青銅像で、マルクス帝の風貌を伝える貴重な物証である。また最近では映画『グラディエーター』(二〇〇〇年)の冒頭で、白馬に跨がって昼なお暗い森の中で蛮族との激闘を悲しい面持ちで凝視し、深夜には陣営の天幕の中で蠟燭の灯りのもとで筆を執る老皇帝の憂愁と気品とを、リチャード・ハリスが好演した(第七章参照)。

ハドリアヌス帝によってアントニヌス・ピウスの養子とされた時点から、マルクスはすでに帝位を約束され、その軌道の上をまっすぐに歩んだ。それは本意とは裏腹の、まさしく「運命」とも言えよう。しかも即位後は国難の連続で、意に反して戦争に明け暮れた後半生であった。「厖大な帝国の版図内は美徳と智慧とに先導された絶対主権によって統治された」(ギボン前掲書)というように、後代の史家の評価はおしなべて高い。だが暗愚な後継者の息子や政略結婚に翻弄された娘の存在もさることながら、五賢帝時代の黄昏には、もはや拭いがたい孤独と憂愁が漂っている。『自省録』のテクストに踏み入るに際して、一応こうした時代背景と伝記的事実を念頭に置いておこう。

キリスト教徒の迫害

マルクスの伝記を語る上でしばしば問題にされるのは、キリスト教との関係である。ネロ帝による迫害(六四年)後しばらくは沈静化していた帝国とキリスト教徒の間の緊張が、マルクスの在位中、帝国の危機に際して再び高まってきた。災害や戦争が頻発するにしたがって愛国心も高揚し、各地で神々に対する宗教行事が盛んに挙行されるようになる。その中でキリスト教徒たちは異教の祭祀への参加を頑強に拒んだ。そのため彼らは、多神教を前提にした融和的で寛容なローマの宗教政策に同調しない「無神論者」とされたのである。

ストア派の哲学者でマルクスの尊敬する師でもあった(一・七)首都の総督ルスティクスが、護教教父ユスティノス(一〇〇頃―一六五頃)を逮捕・尋問し、結局はトラヤヌス法にもとづいて処刑した事件

(一六五年頃)は、まさにこうした衝突の象徴である。そしてサルディスのメリトンらによる皇帝への嘆願書(エウセビオス『教会史』四・二六・五、秦剛平訳、山本書店)など宥和《ゆうわ》の努力にもかかわらず、やがて南仏ルグドゥヌム(リヨン)の円形闘技場で行われたキリスト教徒の集団公開処刑(一七七年)は、迫害と殉教の歴史に新たな一歩を記す事件となったのである(『教会史』五・一)。マルクス自身はたしかにキリスト教徒の存在を知ってはいたが、その知識はごく皮相なもので、まだ社会的な影響力が小さかったせいもあってか、まともに問題にはしていない。「キリスト教徒のように、単なる反抗心から死にたがる連中」(一一・三)という蔑視は『自省録』でキリスト教徒への唯一の言及だが、この一句は後代の付加と見る説も多い(Haines, pp. 383-391)。エピクテトスも狂気によって死を恐れぬ者として「ガリラヤ人」の例を挙げている(『語録』四・七・六)。

『自省録』にはたしかに福音書を連想させる断章が散見され(六・六、五・七、七・三)、また全篇を覆う敬虔な宗教的雰囲気が後代のキリスト教徒の読者を魅了した理由でもあるが、その成立自体はキリスト教の知識とは独立であろう。

第三章　エピクテトスの思想
――ローマ時代のストア哲学

すでに前章でふれたように、マルクスの思想形成に直接の、そして最大の影響を与えたのは、師ルスティクスを通じて知ることになったエピクテトスの書物であった。『自省録』の基調をなす思想は、エピクテトスが確立した哲学理念の変奏ないし展開として理解できる。そこで本章では、エピクテトスの生涯とその著作について概観しておこう。

皇帝マルクスとは対照的に、その生涯について知られる事実が少ないのは彼の出自に由来する。エピクテトスはプリュギア地方(現在のトルコ南西部)、ヒエラポリスの町(アジア州の州都エフェソの東方一六〇キロ)に紀元五〇―六〇年頃生まれた。奴隷の両親から生まれたため、幼少時からエパフロディトス(解放奴隷出身でネロ帝の秘書、後にその自殺を幇助したとされる)に仕えた。『語録』に登場する、権力者の歓心を買おうと躍起になる人物たちの闊達な描写からして、おそらく若き日のエピクテトスは主人に随伴して宮廷にも出仕した経験があろう。

彼は自らを「足の悪い老人」と呼んでいる(『語録』第一巻第六章二〇節)。彼の障害は晩年のリューマチが原因らしいが、別伝では主人の冷酷な仕打ちによるとするキリスト教側の史料もある。ただし『語録』から窺われる限り、主人の態度は残酷とはほど遠いようだ(第一巻第一章二〇節、第一九章一九節、第二六章一一節)。

まだ奴隷の身であった頃に、当時の優れたストア派学者ムソニウス・ルフスの講筵《こうえん》に列する機会が与えられた。おそらくこの直後に解放されたエピクテトスは、師の庇護のもとで助教師としての経歴を重ねたと思われる。ところがドミティアヌス帝が思想統制のために、首都ローマを含むイタリア全土からの哲学者追放令を発布した(九五年)。これを機に彼はローマを去ってニコポリスに移住し、その地で学校を開いた。この町はアクティウムの海戦(前三一年)の勝利を記念してアウグストゥスが建設した新興都市であり、政治・経済の両面でギリシア西部におけるローマ支配の中心となり、現在でもその遺構から往時の繁栄を偲ぶことができる。エピクテトスがこの町を選んだのは、イタリアとギリシアを結ぶ交通の要路にあたる利便と、新興の港町特有の、因習にとらわれない国際的な雰囲気のゆえだったかもしれない。以後、短期間アテネやオリンピアに出向いた時期を除けば、終生この町で学校教師として過ごした。やがてストア派の思想家として彼の名声は次第に高まり、ハドリアヌス帝をはじめ、政界の要人たちが旅の途中で頻繁に面会に訪れた。彼は生涯独身で過ごしたが、ようやく晩年にいたって(それも知人から委託された孤児を養育する必要から)結婚したという。

彼の生涯は、奴隷として主人に仕え、解放後に修学した若年時代と、私設の学校を経営した職業的教師としての後半生とからなる。だが同じストア派の思想家といっても、ほぼ二世代前、ネロ帝に仕えたセネカ（前一頃—後六五）とは対照的である。上昇志向の強いセネカは、属州スペインのコルドバに生まれ、同名の父に同伴してローマに上り、元老院を舞台に弁論家・政治家として活躍し、やがて権力の中枢に参画しつつ蓄財にも成功した。だがこうした栄達は両刃の剣でもあり、気まぐれな皇帝の不興を買って、失脚・自害という悲劇的結末を招く結果になった。セネカはその経歴からして、何よりも実務家・政治家であって職業的な学者・教師ではなく、また著作家としても、ストア派の思想を反映する著作や書簡に対して、悲劇作品では古典主義とは対極的なバロック演劇風の趣味を濃厚に漂わせている。

　エピクテトスの生涯を彩る、奴隷としての出自、慢性的な肢体不自由、国外追放の辛酸、そしておそらくは塾講師としての不安定な収入、といった特質は、当然のことながら彼の思想の核心を「隷属と自由」という主題に絞り込むことになった。官職、名声、財産、そして生命までもが、専制君主の恣意のもとでいかに脆弱なことか、数多くの事例を目《ま》のあたりにしたに違いない。こうした状況の中で「知者のみが自由である」というストア派の逆説をいかに洗練させていくか、エピクテトスの課題は終始この点に向けられていたのである。

　エピクテトスの没年は一三五年頃、マルクスの少年時代にあたる。だから生前にこの両者が実際に面会したことはないだろう。だが師父を通じて、マルクスが現存の『語録』以外にもエピクテトスの著作にふれていたことは間違いない。

図 2 ── エピクテトス

出典）1715 年のオクスフォード版『提要』(*Encheiridion*).

エピクテトスは後半生、私塾を開き、そこで職業的な教師として過ごしたが、（おそらくは彼が模範としたソクラテスやシノペのディオゲネスの顰《ひそみ》に倣って）著作は残さなかった。弟子の一人、フラウイオス・アリアノス（政界で活躍したが、生没年不明）は『アレクサンドロス大王東征記』『インド誌』はじめ各国の地誌や歴史を書いたが、自らソクラテスに対するクセノポンの役回りを任じて、師の言行をその語調までも含めて忠実に筆録することを試みた。それが今日『語録』(*Diatribai*)と称される全八巻（うち四巻分が現存）のテクストである。これは折々の講話や師弟の会話を収録した「言行録」で、おそらく当初は公刊を意図したものではなかったが、次第に門下生以外にも流布して広く読まれるようになったらしい。全体としてみれば逸話や論点の重複も多く、いささか雑多で冗漫な印象を与えるものの、エピクテトスの人柄と思想を知る上で決定的な史料である。マルクス・アウレリウスも恩師ルスティクスを通じてエピクテトスの「覚書」(hypomnemata)に親しんできたと回顧する（一・七）。ルスティクスは自宅の蔵書を若きマルクス帝に貸与したらしい。『自省録』にはエピクテトスへの言及はもとより、書物からの直接間接の引用・抜粋がいたるところに見られ、その強い影響を窺い知ることができる(全部で二十一回)。

さらにアリアノスはこれらを抜粋して『提要』(*Encheiridion*)も編集した。「エンケイリディオン」とは「掌中に収まる本」つまりエピクテトスの教説や訓戒を簡潔に要約した「便覧《ハンドブック》」の意味である(現行では五三章に編成)。本来これは何らかの教育目的で編纂されたと思われるが、その雄勁な思想、明快な文体と豊富な実例、そして簡便さのゆえに『語録』以上に広く読まれ、後代に圧倒的な影響を与えた。古代末期シンプリキオス(四九〇頃―五六〇)による註解書は、「これらの言葉に感銘を受けることのない者は、もはや冥府《ハデス》の法廷で矯正されるほかはない」とまで賞讃し(2a-b)、新プラトン主義の陣営にもその影響が深く及んでいたことを示唆している。

近世以降「禁欲主義」とも訳される実践的道徳としての「ストア」像は、実のところ初期のゼノンやクリュシッポス以上に、エピクテトスの『提要』によるところが大きい。同時に様々な陣営からのストア派批判も『提要』の表現(あるいはまたその両義性)を標的にしている場合が多い。

これに対して近年では『語録』の研究が進展したことにより、従来『提要』に準拠して造られた「峻厳な孤高のモラリスト」としてのエピクテトス像は大きく修正されつつある。つまり「中庸で、人間としての情感に溢れた、時宜を得た訓戒や比喩にも巧みな実践的教育者」という、より柔軟な人物として、また(ゼノンやクリュシッポス以来の正統的なストア派のみならず、プラトンやクセノポンの伝えるソクラテスや、犬儒派のディオゲネスなどから)複雑な思想的影響を受けた哲学者として、理解しようとする傾向が強まっている。

とはいえ、後代に読まれたエピクテトスのテクストは圧倒的に『提要』である以上、ここでは主に『提要』に即してエピクテトスの思想を瞥見《べっけん》することにしよう(訳文は、鹿野治助訳、岩波文庫版をもとに適宜変更を加えた)。

およそ存在するもののうちには、「われわれの権内にある」ものと「権内にない」ものとがある。判断(hypolepsis)、意欲(horme)、欲望(orexis)、忌避(ekklisis)、一言でいえばおよそわれわれの活動(erga)はわれわれの権内にあるが、身体・財産・評判・官職など、およそわれわれの活動でないものは権内にない。そしてわれわれの権内にあるものは本性上自由であり、妨げられず、邪魔されないものであるが、われわれの権内にないものは脆く、隷属的で、妨げられやすく、自分のものにはならない。そこで次のことを記憶しておくがよい。もし本性上隷属的なものを自由なものと思い、自分のものでないものを自分のものと思うならば、君は邪魔され、悲しみ、不安にさせられ、また神々や人々を非難することになるだろう。だがもし君のものだけを君のものであると思い、自分のものでないものを、事実そうであるように、自分のものでないと思うならば、誰も君に決して強制はしないだろう。誰も君を妨げないだろう。君は誰をも非難せず、誰をも咎めたりしないだろう。君は何一ついやいやながらすることはなく、誰も君に害を加えず、君は敵を持たないだろう。けだし何も害を受けないだろうから。

そこですべて「不愉快な心象」(phantasia tracheia)に対しては、直ちに次のように言うよう訓練せよ。「おまえは心象だ、そしてその見せかけは〔実際と〕まるで違っている」と。それから、それを君の持っている基準(canon)で、つまりそれがわれわれの権内にあるものに関係しているのか否か、調べたり吟味したりするがよい。そうすれば「私には何の関係もない」という回答が手元にある。

(『提要』一)

『提要』の冒頭に置かれたこの長い章は、いきなりエピクテトスの思想的核心に迫る。「われわれの権内にある／なし」(epi hemin)とは「自由にできる」「裁量の範囲」「如意／不如意」とも訳される概念で、行為に際しての選択(prohairesis)とも密接に関係する(アリストテレス『ニコマコス倫理学』第三巻第三章、1113a11)。エピクテトスにとって実践理性の課題は、まず何よりもこの境界を正確に見切ることにある。第二に、われわれの欲求や選択の対象を厳密にこの範囲内に限定することが重要である。日常生活でわれわれの欲求は、いわば手当たり次第に目先の対象へと向けられる。だが欲求がこの裁量の範囲を越境することで破綻や蹉跌《さてつ》が生じ、葛藤や心理的な混乱が生じてくるのだ。こうした冷静な欲求の自己統御によって、不安や悲しみから脱却した真に「自由」な境地に至ろうとするのがエピクテトスの基本戦略である。そして第三に、こうした安定した自我の確立によって、周囲の人々への過剰な依存を脱却して、摩擦のない平和で円滑な対人関係を築くことを目指している。

一方で「記憶しておくがよい」(memneso)という訓戒が『提要』には頻出する。実はこれはマルクスの『自省録』にも共通する表現である(二・四、八・一六)。またマルクスはこうした行為の原則をポセイドニオス(前一三五頃―前五〇頃)に由来する「信条」(dogma)とも呼んで(一・九、二・三、四・四九)、医者が救急用の医療器具を常備しているのに譬えている(三・一三)。エピクテトスの言葉は単に「読んで理解できる」学説や理論とは違う。「座右の銘」のように日常生活で直ちに応用できるよう、いわば血肉となった認識と行為の原理として機能しなければならないのだ。

そこでもし君が、君の権内にあるもののうち、自然に反するものだけを避けるならば、君の避けたい何ものにも出会うことはない。だがもし君が病気や死や貧乏を避けるならば、君は不幸《アテュケース》になるだろう。だからわれわれの権内にないすべてのものを忌避することはやめて、われわれの権内にあるもののうち反自然的なものだけに忌避を置きかえるがよい。だが欲望は差し当たり全く捨てたまえ。君が権内にない何かを欲すれば君が必然的に不幸になるからだ。(『提要』二)

欲求の自己統御という原則に対して、「自然と一致して生きる」という初期ストア派以来の幸福の理念が接合する。だがこうしたストア派の原則は、われわれの日常生活と照らして次第に逆説的な様相を帯びてくる。ここに例示されている「身体・財産・評判・官職」、またその反対の「病気・死・貧乏」とは、まさに万人にとって追求と忌避の対象であろう。ストア派の原則に従えば、われわれの常識に根差した世俗的な価値観はまったく転倒してしまう。その意味で「過剰な自由が一転して最悪の隷属へと暗転する」というプラトン『ゴルギアス』(五一〇A)や『国家』(五六四A)とも通底する、世俗的価値の逆転というモティーフが浮かび上がってくる。

人々を不安にするものは事柄(pragma)ではなくして、事柄に関する考え(dogma)である。例えば死は何ら恐ろしいものではない。そうでなかったらソクラテスにもそう思われただろうから。むしろ死は恐ろしいという死についての考え、それが恐ろしいものなのだ。だからわれわれが妨げられたり、不安にさせられたり、悲しんだりする時は、決して他人をではなく自分たち、つまり自分たちの「考え」を責めようではないか。自分自身不幸な場合に、他人を非難することは無教養な者(apaideutos)のすることであり、自分自身を非難するのは教養の初心者のすることであり、他人をも自分をも非難しないのは教養のできた者(pepaideumenos)のすることである。

(『提要』五)

ソクラテスはかくて完成の域に達した。そして自分に出くわすすべてのことにおいて、理性《ロゴス》以外の何ものにも注意しなかった。君はたといまだソクラテスではないとしても、少なくともソクラテスたらんとしているかのように生きるべきである。

(『提要』五一)

「善き人には生きている間も死んでから後も、悪いことは一つもない」(『ソクラテスの弁明』四一D)として、悪しき他者によっては決して傷つくことのない絶対の自信、加害者に対する同害復讐の禁止(『クリトン』四九C)、死への恐怖の払拭(『パイドン』五八E)など、プラトン対話篇に散見するソクラテスの逆説に対する親和と共感が『提要』には満ちている。一般にストア派は、開祖ゼノン以来、プラトンを超えて(史的)ソクラテスに回帰しようとする志向をもつが、特にエピクテトスには正統的ストア派の系譜に加えて、ソクラテスとシノペのディオゲネスに対する思慕の念が強い(一五、三二、三三、四六)。それは彼らが広義の教師でありながら、同時にそれを実践した生きた模範だったからである。

私は何を欲しているのだろうか。自然本性を学び、自然本性に従おうとしているのだ。それで私は誰が解釈してくれる人なのか探しているのだ。そしてそれがクリュシッポスであることを聞くと、私は彼のところに行く。しかし私は彼の書いたものが分からない。そこでそれを解釈してくれる人を探す。それまでは何も自慢するものはない。だが解釈してくれる人を見つける時、残るところはその教えを実行することである。これこそまさにただ一つ自慢すべきものなのだ。(『提要』四九)

エピクテトスにとってストア派の「経典」となるテクスト群を学習することは無論重要だが、肝要なのはそれを実行に移すことである。ただしその実践にはたとえいかに修練・苦行(ascesis)の要素がつきまとうとしても、同時代の犬儒派《キュニコス》に対しては強い批判の調子が窺える。

肉体の点で質素に甘んじている時、それを自慢せぬがよい。もし君が水を飲んでいるならば、どんな場合でも水を飲んでいると言わぬがよい。また苦行をしようとするならば(ascesai)、君自身のためにやりたまえ。外部に見せるためにやるな。彫像は抱かぬがいい。

(『提要』四七)

進歩した者のしるし——それは彼が何人をも咎めず、何人をも非難せず、何人をも責めず、自分自身についてひとかどの者であるかのようにも、何かを知っているかのようにも話さないことである。欲望はまったく断念し、忌避はわれわれの権内にあるもののうち、自然本性に反したものだけに限る。彼はすべてに対して無関心な態度をとる。馬鹿で無学であると思われても彼は気にしない。一言でいえば敵や裏切者に対するように、自分自身に対して用心するのである。

(『提要』四八)

もし君が進歩したいならば、外物に関して無考えであり、馬鹿だと思われても、甘んじていたまえ。知っていると思われるようには何も願わぬがいい。もし誰かにひとかどの者であるように思われる場合でも、君自身を信用せぬがいい。

(『提要』一三)

こうした自己欺瞞に対する細心な警戒心は、そのままマルクスにも継承されている。「自負は恐るべき詭弁者《きべんしゃ》であって、君が価値ある仕事に従事しているつもりになりきっている時こそ、最も誑《たぶら》かされている」(六・一三)。「哲学を馬鹿にすることこそ、真に哲学することである」とは、既成の哲学観に対するモラリストの辛辣な箴言であった(パスカル『パンセ』B四)。高度で精緻な学問体系、博覧強記の学説誌、最新流行のファッションさながらの「現代思想」、欺瞞的な「悟り」や「救済」へと自閉する疑似宗教——ローマ社会の底辺から知識人や上流階級を眺めたエピクテトスには、今日もなお哲学が陥りがちな様々な堕落形態を見透かすかのような、冷静でしかも辛辣な眼差しが感じられよう。

ところでエピクテトスによれば「善美の人（kalos kagathos）たらんとする者」が修練すべき問題（topos）には三つが数えられるという。すなわちまず、欲求して得そこなうことがないようにする、欲求と忌避に関する領域。次に、合理的に行為し、不注意に行為することのないよう、意欲と拒否に関する領域。そして虚偽に欺かれないよう、慎重を期する、判断と同意に関する領域の三つである（『語録』三・二・一—二）。そこで『提要』の各章をこれらの問題別に再構成してみることにしよう。

（甲）同意と判断に関して

クリュシッポス以来の標準的なストア認識論では、与件としての表象（phantasia）に対して同意（synkatathesis）を与えることによって初めて真偽を伴った判断（hypolepsis）が成立し、その時点で認識は行為へと接続する。表象とはアリストテレス『デ・アニマ』以来、感覚と理性にまたがる認識論上の鍵概念であったが、大別すれば二つの場面から成り立っている。第一は知覚が遮断された場合の心的作用。過去の出来事を想起したり、将来の出来事を予想したり、現在（知覚）とは区別される過去・未来に関係する。第二に現在において知覚と協同して機能する場合。扉の向こう側で聞こえる物音を、経験から類推して「友人某がやって来る靴音だ」と知覚するような場面である。クリュシッポスは一定の因果的条件のもとに「実在を把握することの可能な表象」（phantasia kataleptike）を認めて認識の基礎としたが、懐疑主義者たちはこの点を批判した。まさにヘレニズム時代を彩る、懐疑主義とストア主義の認識論論争の主戦場でもあったのである(セクストス・エンペイリコス『学者たちへの論駁集』七・二四一、四〇一―四〇五)。

エピクテトスは判断の誤りを「心象が君を奪い去る」と表現し、いかにして冷静で正確な判断が維持できるかを追究する。ただし真に理性的であるためには、実は理性だけでは済まない。絶えざる訓練と反復、一種のイメージ・トレーニングが必要なのである。

悦ばしいもの、有用なもの、もしくは好きなもののすべてにおいて、それがどんなものであるかを(自分自身に)言うように記憶しておきたまえ。しかも最も些細なことから始めるがいい。壺がお気に入りであれば「私は壺が気に入っている」と言いたまえ。そうすればそれが壊れたとき、君は混乱させられないだろう。

(『提要』三)

自然の意志はわれわれがお互いに意見を異にしない事柄から学ばれる。よその奴隷が盃を壊した時、「それはよくあることだ」と即座に言う準備ができている。それで君の盃が壊れた時も、他人の盃が壊れた時と同様に処すべきだということを知っておきたまえ。それからもっと重要なことにそれを当てはめるがよい。

(『提要』二六)

「吟味なき生活は生きるに値せず」としたソクラテスに倣って(プラトン『ソクラテスの弁明』三八A)、吟味を経ない表象は受け取ってはならない。それは夜警が「君は誰だ、身分証を見せてくれ」(『語録』三・一二)と不審者に問いかけるようなものである。

もし君が進歩したいならば、「私の財産を疎《おろそ》かにするならば、生活の資がなくなるだろう」とかいう分別は棄てるがよい。苦痛も恐怖もなく餓死するのは、悩みながらあり余って生きるよりもまさっているから。そこで些細なことから始めろ。ちょっぴり油がこぼれた。ちょっぴり酒が盗まれた。「不動心(apatheia)はそれだけの値段で売られ、平静(ataraxia)はそれだけの値段で売られるのだ」と言うがいい。何事も只《ただ》では生じない。

(『提要』一二)

何事にも「私はそれを失った」(apolesa)と決して言うな。むしろ「お返し申した」(apedoka)と言え。「子供が死んだって?」取り返されたのだ。「地所が奪われました。」ではそれも取り返されたのだ。「しかし奪ったものは悪い奴です。」だがそれを与えた者(神)が何人を通して取り返そうと君に何のかかわりがあるか。彼が君にそれを与えている限り、君はそれを他人のものとして世話するがよい。あたかも旅人たちが旅宿をそうするように。

(『提要』一一)

「旅する人間」(homo viator)とはホメロス『オデュッセイア』以来、キリスト教にも摂取された人間理解の典型のひとつであるが、それを徹底させれば、所有に関する通俗的観念の変更を迫らざるをえない。新聞やテレビの報道によって、われわれは毎日のように世界のあちこちで起こる悲惨な事件、災害、事故の記事を見慣れている。だがそれはあくまで私とは無関係な三人称的な出来事にすぎない。その限りわれわれは自分がそうした事態に巻き込まれて当事者になる可能性をほとんど、あるいは全く考慮の外に置いている。ところがいったん自分がそうした悲劇に直面すれば、その不条理に憤り、悲嘆に暮れ、学校や病院や自治体や政府の管理責任を告発し、訴訟にまで発展する。だがいかに周囲に責任の所在を求めようが、失われたものは返ってこない。

エピクテトスは日常の些細な事例から出発して、私個人の当事者性すらも鳥瞰するような「永遠の相の下に(sub aeterna ratione)世界を眺める」視点の開拓と陶冶《とうや》を目指す。その究極は、特定の視点すら抹消する自己の死の風景(a view from nowhere)である。

死や追放やすべて恐ろしく思われるものを毎日眼前に思い浮かべるがよい。すべてのうちで特に死を。そうすれば君は決して何か賤しいことを考えぬであろうし、度を超えて何かを欲望することもないだろう。

(『提要』二一)

慣れるならば心象は君を奪い去らないだろう。

(『提要』一〇)

追放とは、まさにエピクテトス自身がローマで遭遇した過酷な体験であった。こうして自己の死を、つまり想像しえない風景を想像する認識の極北において、日常的な欲求は根本的な変成を遂げることになる。ストア派の逆説はいまやその全貌を垣間見せ始めた。

とはいえ自分ではなく、親しい知人が悲嘆に暮れているのを目にして覚える共感や同情はどうだろうか。この点で「同情」を徹底的に断罪したニーチェに対して、エピクテトスは意外にも冷静で穏健な顔をのぞかせるのである。

だが言葉の及ぶ限りは彼に同情するのを躊躇するな。一緒に嘆くのもよかろう。だが心底からして嘆くことのないように注意するがよい。（『提要』一六）

（乙）意志と欲求に関して

さてこうした特異な認識論的風光の中で、次にわれわれの欲求を何に向けるべきか、また何に向けてはならないかが問題となる。ストア倫理学の中軸をなす規則を、引き続いて概観してみよう。

名高い人、有力者、その他評判のよい人を見たとき、その心象に奪い去られて彼を幸福であると褒めることの決してないように注意するがよい。というのも善の本質がわれわれの権内にあるものの中にあるならば、羨望や嫉妬の余地はないだろうから。君は将軍や執政官になろうとしないで、自由になろうとするだろう。自由に至る唯一の道は、われわれの権内にないものを軽蔑することである。

（『提要』一九）

初期のストア派は、端的な善悪を徳と悪徳だけに限定し、それ以外の快楽、強壮、容姿、財産、閨閥、家族友人、名声、官職、果ては健康や生死までも「善悪無記」(adiaphora)とした。アリストテレスはこれらを幸福のために十分条件をなす「外的善」(ektos agathos)として、なお常識的価値観の線を維持したが（『ニコマコス倫理学』第一巻第八章）、さすがにストア派の内部でも、「善悪無記」のうちにさらに「推奨されるもの」(proegmena)と「排斥されるもの」(apoproegmena)といった下位区分を設けることによって、あからさまな逆説を緩和する修正主義が生まれた（ディオゲネス・ラエルティオス『ギリシア哲学者列伝』第七巻一〇一―一〇七節）。

各人の肉体の要求が彼の所有の尺度であるのは、ちょうど足が靴の寸法であるようなものである。限度を踏み越えれば絶壁から転落せざるをえない。一度尺度を超えれば限界がない。

（『提要』三九）

肉体に関する事柄で時間を浪費することは才のないしるしである。だから君の全注意は心に向けたまえ。

（『提要』四一）

病気は肉体の妨げ(empodion)ではあるが、選択(prohairesis)の妨げではない。もしそう欲するのでなければ。肢体不自由は脚の妨げではあるが、選択の妨げではない。

(『提要』九)

「身体障害」という言葉があるが、エピクテトスによれば、身体は本来の意味でいかなる「障害」でもありえない。彼自身は脚が悪かったと伝えられているが、『提要』のうちに見られる逆説的な表現が、いずれも単に論理的な帰結や思考実験の産物ではなく、エピクテトス自身の生活によって裏打ちされていた点を忘れてはなるまい。

可愛い妻子が与えられるならば、持っていても差支えはないだろう。だが船長が呼ぶならば、それらを放擲《ほうてき》し、船に急ぐがよい。

(『提要』七)

航海は人生の比喩として、ラテン世界でもウェルギリウス『アエネーイス』以来よく引かれるが、この断章七も、生涯独身で過ごしながら最晩年に知人の遺児を養育する必要から結婚したと伝えられるエピクテトスの伝記を想起させる。禁欲はそれ自体が目的として至高の価値をもっているのではないし、また単に個人的な趣味の問題でもない。人生はまた宴席にも譬えられている。

君は饗宴におけるように振る舞うべきだと記憶しておくがいい。あるものが回って君のところに来た。手を伸ばして行儀よく取りたまえ。通過した。引きとめるな。まだ来ない。遠方から欲望を投げかけるな。むしろ君のところへ来るまで待つがいい。子供、女、官職、富に対してもそのようにするがよい。そうすれば君は他日、神々の饗宴に列する資格あるものとなるだろう。だがもし君が君のところに置かれたものを取らないで見過ごすならば、その時はただ神々の饗宴仲間であるばかりか、神々と一緒に支配する者であるだろう。

（『提要』一五）

現世における欲求のあり方は、こうして日常の些事から出発して次第に宇宙的な規模へと拡大し、全自然の摂理、さらに運命に対する感覚へと研ぎ澄まされていくことになる。

出来事が君の欲するように起こることを望まぬがいい。むしろ出来事が起こるように起こることを望みたまえ。そうすれば君はゆとりを持つことになるだろう。

（『提要』八）

摂理への信頼は、新約聖書のイエスの教えと祈りをも想起させる。「何よりも神の国とその義を求めよ。明日のことを思い煩ってはならない」（『マタイによる福音書』六・三三—三四）。そしてこうした感受性こそ、その後エピクテトスがキリスト教世界で受容される素地であったと思われる。もっともエピクテトスが生きていたのは、キリスト教の成立間もない頃であり、あくまでギリシア・ローマの多神教世界であった。そこでは卜占のもつ意味は現代と比較にならないほど重い。執政官職にあったカエサルやキケロ（前一〇六―前四三）、歴代のローマ皇帝いずれも神祇官を兼職している。むしろ今日でいえば、天気予報や災害予知、受験の合否判定のようなごく日常生活に根差した（科学的）予測と似たものだったと考えた方がよいかも知れない。

鴉《からす》が縁起の悪い啼き方をした時、君はその心象から奪い去られぬがよい。これらの何がやって来ようと、私はそれから利益を受けることができる、と言うがよい。

（『提要』一八）

占いをしてもらう時、どんな結果が出るか君は知らない。むしろ易者からそれを聴くために来ているのだ。しかしそれがどんな性質のものであるかは、哲学者ならば来る時にすでに知っているはずだ。というのはもしそれがわれわれの権内にないものならば、当然それは善でも悪でもない。易者のところへ欲望や忌避を持って行くな。また彼のところへ震えながら近づくな。むしろ将来の出来事はすべて善悪無記で、君に対して何ものでもない、またそれがどんなものであろうと、自分に対して立派に用いられるしまたそれを何人も妨げないことをよく知って近づくがよい。忠告者のところへ行くように勇ましく神々のところへ行きたまえ。

（『提要』三二）

『提要』の最後は第二代学頭クレアンテス（前三三一頃―前二三〇）の有名な『ゼウス讃歌』の一部で

結ばれている。これは実際にエピクテトスの学校で歌われたという説もある。

すべての場合において次の考えを掌中のものとしておかねばならない。私を導いて下さい、おおゼウスよ、そして汝、運命の女神よ。私の場所とあなたが定めた処へ、私は従いましょう。躊躇せず、たとえ欲しなくとも、私は臆病者として、従わざるをえないでしょう。必然に善く従う者は、われら彼を賢者とし、神的なものを知れるとなさん。

(『提要』五三)

(丙) 対他的行為に関して

ストア派の哲学は、一般に誤解されているように、個人的な禁欲や解脱の境地で完結するわけではない。むしろ親近性《オイケイオーシス》や義務(適切な行為)の観念を核にした社会的な視点を具えている点が、ヘレニズム・ローマ世界で思想的主流を占めることができた要因である。通常「義務」と訳されるカテーコンとは、抽象的な普遍的道徳規則ではなく、むしろ自然本性と自己保存の概念に立脚した相対的規範であり、個別的でありつつ適切な対他関係として理解すべきだろう。

義務(kathekon)は通例対他的関係によって測られる。彼は君の父である。すると君は彼の面倒を見、すべてに譲歩し、罵られても殴られても辛抱せねばならぬというわけだ。「しかし彼は悪い父です」「兄弟は不正をします」では彼に対する君自身の位置を保持したまえ。彼が何をしているかは考察するな。むしろ君が何をすれば君の意志が自然本性にかなうことになるかを考えるがよい。君が欲しないならば、他人は君を傷つけないだろう。だが傷つけられたと君が考える時こそ、君は傷つけられていることになるのだ。

（『提要』三〇）

すべての事柄には二つの柄《え》があって、一方では運べるが他方では運べない。だから運べる方から〔父であるという方から〕摑まなければならない。

（『提要』四三）

家庭や職場で、われわれにとってストレスの原因の第一は人間関係であろう。インターネットや携帯電話による情報化の進展によって、匿名の誹謗中傷は質量ともに変質し、とどまるところを知らない。その半面で、大家族や地域社会の中で人間同士が直接ぶつかり合う機会が減り、学校でも会社でも「自尊心が強くて傷つきやすい」若者が増えている。こうした現状にあって、エピクテトスの次のような言葉は一層重く響く。

君を侮辱する者は君を悪口したり殴ったりする者ではなく、これらの者が君を侮辱しているというその考えなのである。誰かが君を怒らすならば、君の考えが君を怒らせたのだ。だから心象から奪い去られないようにしたまえ。君が一度《ひとたび》考える時間と猶予(diatribe)を得るならば、容易に君自身に打ち克つだろうから。

（『提要』二〇）

人が君に悪いことをしたり、君を悪しざまに言ったりする時は、当人にはそれが適当だと思ってそうしたり言ったりするのだと記憶しておくがいい。彼は自分に思われていることに従う。もし間違っているならば、その彼のほうこそ傷つけられているのだ。彼はまた欺かれているのだから。このような考えから出発するならば、君は悪口する人に対してやさしくあることができるだろう。すべての場合について「彼にはそう思われたのだ」と言うがよい。

（『提要』四二）

ストア派は人生を演劇に譬えることを好んだ。シェイクスピアも自作の戯曲の中でしばしば演劇について語り、世界を劇場に、人生を芝居に譬えている。人間にとって行為の目標は、自分に与えられた役回りをたとえ端役や悪役であったとしても喜んで受け容れ、それにふさわしく見事に演じ切ることであり、自分から主役をせがんだり、割り振られた役に不満を持つことではない。これは運命の比喩でもあり、『自省録』にも継承されている（三・八、一一・一、一二・三六）。

君は演劇の俳優である。乞食を演じさせられるなら、それを似つかわしく演じるようにしたまえ。演ずる役が足が悪い者でも役人でも私人でも同じことだ。君の仕事は与えられた役を立派に演じることであって、それを選ぶことは他人の仕事だから。

（『提要』一七）

もし君が君の力量を超えた役を引き受けるならば、君はその役を演じ損ねて無様であると同時に、また君の果たすことのできる役を疎《おろそ》かにしたのだ。

（『提要』三七）

そして対他関係の究極は、人間同士の折衝を遥かに延長した神々との共生である。この点でストア派は、神々の存在を認めない唯物論的な無神論とも、たとえ存在しても人間世界の事象には無関心で独自の快適な境地を楽しんでいるとするエピクロス派の神理解とも対立する（キケロ『神々の本性について』一・一八・四八）。あるいは有神論であっても、神に対する「嘆き」を単に不信の表明としてではなく、歴史に介入する神の事蹟の回顧を通じた信頼の表現として綿々と歌い継ぐユダヤ教の『詩篇』とも一線を画しているのである。

しかるべき欲望と忌避とに心を用いている者は、誰でも同時に敬虔にも心を用いているものだ。

神々に対する敬虔について、最も肝要なことは、それら神々が存在し、宇宙を美しく正しく支配しているという正しい考えを持つことであり、彼らに服従するように君自身を配置し、すべての出来事に譲歩し、最高の知によって行われているのだと考えて、自ら進んでそれらに従うことだと知るがよい。そうすれば神々を非難することもなく、無視されていると苦情を言うこともなかろうから。

（『提要』三一）

以上、『提要』の中からいくつかの文章を抜粋して概観したが、一般に誤解されているように『提要』はストア派の特異な主張や逆説を無雑作に列挙した警句集では決してない。認識・欲求・行為の三領域のそれぞれに関してエピクテトスが構想するストア哲学の三つの規則は、相互に密接な相補関係に立ちながら、その強靭な論理によって逆説的な人生の模範を造形したのである。そしてこの三つの規則は、その表現に変成を加えつつもほぼそのままの構造を保持したまま『自省録』の中にも姿を現している。マルクス帝がエピクテトスの思想を継承しているというのは、まさにこの点においてなのである(第Ⅱ部第三章参照)。

第四章　ストア派の影響と受容の歴史
——賞讃・共感・批判

前章では主として『提要』に即してエピクテトスの思想を検討したが、彼に代表されるストア哲学は、その後どう読まれてきたのだろうか。以下は時代を追いながら、影響史の中からできるだけ基本的な類型を析出するように努めたい。

古代末期とキリスト教

ストア哲学は二世紀末のマルクス帝を最後にいったん哲学史の表舞台からは姿を消し、プラトンやアリストテレスの解釈にもとづく折衷主義が哲学の主流を占める中で、三世紀中葉にはプロティノス(二〇五頃—二七〇)を祖とする新プラトン主義が勃興し、新興のキリスト教勢力との思想的交流が進んでいった。二〇世紀中葉のオクスフォードを代表する古典学者E・R・ドッズ(一八九三—一九七九)は、二世紀末に始まるローマ帝国の衰亡時代を、同時に「自我同一性《アイデンティティ》の危機の時代」と総括し、魂の救済を渇望する時代の精神が、新プラトン主義やキリスト教への傾斜を強めていったとする。古典古代の心性のうちにひそむ非合理的な側面を重視するドッズは『自省録』に頻出するマルクスの自己叱咤（五・一〇）や新生への願望（一〇・八）のうちに、皇帝自身の自我同一性の危機を読み取ったのだが、近年ではこうした「歴史的心理学」の試みはフランスの古代哲学史家P・アド（一九二二―）らの強い批判を呼んでいる。

さて最初期のキリスト教会にあって、哲学は――ユスティノスら中期プラトン主義の影響を受けた護教教父を除けば――概して否定的に受け取られていた。それは「人間の言い伝えにすぎない哲学、つまり虚しいだまし事によって人のとりこにされないように気をつけなさい」（『コロサイの信徒への手紙』二・八）という勧告が新約聖書の中で唯一の「哲学《ピロソピア》」の用例であることからも窺われよう。とはいえ、ギリシア哲学を批判するはずの側が、すでに無意識のうちに同時代の哲学の影響下にあることも珍しくない。パウロは第二回の宣教旅行の途次アテネでストア派・エピクロス派の哲学者たちと論戦を交えたが（『使徒言行録』一七・一八）、その書簡に見られる徳目の理解には、すでにストア派の深甚な影響が刻印されている。パウロとほぼ同時代人であるセネカとの「往復書簡集」が四世紀末に出現し、偽書にもかかわらず中世からルネサンスにかけて愛読されたのには、こうした背景がある。とりわけ遠くユダヤ人フィロン（前一五―後四五頃）の影響を受けたクレメンス（一五〇頃―二一〇）、オリゲネス（一八五頃―二五四）といったアレクサンドリア学派の教父たちは、古典学芸全般への素養を背景にギリシア哲学への深い理解を示している。

三―六世紀にはエピクテトスの名前は教父たちの間でしばしば引用され、異教徒でありながら有徳な人物の典型とみなされた。その結果、彼についての言行が伝えられ、とりわけ貧困、肢体不自由、奴隷といった境遇にもかかわらず独立不羈《どくりつふき》の境地を開いた性格が賞讃を集めた。オリゲネスはプラトンを高く評価しながらも、「プラトンが学者たちの間でだけ評価されているのに対し、エピクテトスは彼の言葉によって進歩したいと願う普通の人々から崇められている」と対比している(『ケルソス駁論』六・二)。もっともオリゲネスが読んだのは『語録』ではなく『提要』に限られているようである。プラトン主義の陣営においても『提要』が高く評価されていたことは、前章で述べたシンプリキオスの註釈書によっても窺われる。

近代語への翻訳

ルネサンス期におけるエピクテトスの受容はビザンツを経由して、ポリツィアーノのラテン語訳(ボローニャ、一四九七年)に始まる。この書は人気を呼び、たちまち各国語に重訳されたが、同時に「ソクラテス」の名前が「聖パウロ」に改竄《かいざん》されたうえで、修道士の手引書として広く普及したという。一六―一八世紀には英独仏語で様々な版の『提要』が出版され、一六世紀末には中国語にも訳されたが、これは儒教との親近性を直感したイエズス会宣教師マテオ・リッチ(一五五二―一六一〇)による布教のための考案であった。

他方『語録』の方はトゥリンカヴェッリによって初めてラテン語に全訳され(ヴェネツィア、一五三五年）、英訳はエリザベス・カーター（一七一七―一八〇六）によって完成された（一七五八年）。この書はW・オールドファーザーによるロウブ叢書の対訳本（一九二五／二八年）が出現するまで、長らく標準的な英訳として君臨した。カーター女史は国教会の牧師だった父親から古典語を学び、辞書編集家サミュエル・ジョンソン博士（一七〇九―八四）やカンタベリー大司教トマス・ゼッカーら同時代の知識人とも交流していたが、翻訳は知人の女性の勧めによるもので、必ずしも本人はストア派に心酔していたわけではないようである。翻訳に付したストア哲学の解説の中で彼女は、神的摂理や自己制御の規則、社会的な行為の規則を賞讃しながら、他方でストア派に対して、その「傲慢さ」や人間性への侮蔑、といった「神学的な誤謬」を指弾する。

近世のストア主義とパスカル

近世初頭におけるストア主義の復興は、セネカを愛読したフランドルの新ストア派、ユストゥス・リプシウス（一五四七―一六〇六）やフランスのギヨーム・ド・ヴェール（一五五六―一六二一）らによって一七世紀前半にひとつの頂点を迎えることになる。なかでもパリ近郊のポール・ロワイヤル修道院を拠点とした禁欲的なジャンセニスト、ブレーズ・パスカル（一六二三―六二）の小品『ド・サシ氏との対話』は、キリスト教とストア哲学の関係を考える上で多くの示唆に富む作品である。

哲学の読書についてド・サシ氏に尋ねられたパスカルは、意外にもモンテーニュ（一五三三―九二）とエピクテトスを最大の愛読書に挙げる。エピクテトスは「古今東西の哲学者の中でも人間の義務を最もよく知った者であり、神を目的とみなし、神は万事を正しく支配すると信じて喜んでそれに身を委ねることを目指す。またこうした心情によって、嘆きを止め、最悪の出来事をも平然と甘受するよう準備する」。続く『提要』一一、一七、二一の引用はパスカルの愛読ぶりを如実に示すものである。ところが一転して、エピクテトスは人間の無力を知らないために高慢に陥ったと批判される。つまり「エピクテトスによれば、神は人間にその義務を遂行する手段を与え、それはすべてわれわれの能力のうちにある。たしかに財産・生命・尊敬はわれわれの能力のうちにはない。だが精神は自分が誤りだと知っているものを信じるようには強いられず、意志も自分を不幸にすると知っているものを愛するようには仕向けられないから、この二つの能力は自由であり、自分を完全なものにできる。完全に神を知り、神を愛し、すべての悪徳から解放されて聖なるものとなり、神の伴侶となる」。だがパスカルによればこれらは「悪魔的に尊大な原理」であり、またそれゆえに霊魂を神の実体の一部であるとみなす汎神論、悲しみや死は悪でないとする奇怪な情念論、自殺容認論といった誤謬を導くことになったという。

パスカルの議論の特徴は、エピクテトスに代表されるストア派の教説を、これまた前世紀以来復興著しい懐疑主義を代表するモンテーニュと対峙させる点にある。モンテーニュはキリスト教を信じていながら、信仰の光がなかった場合に理性がどのような道徳を授けるべきかを知ろうと欲したので、すべての啓示を剝奪された人間を考察して普遍的な懐疑の中へと投げ込み、何事についても確言しようとしない。その結果「私は知らない」とも言わず、「私は何を知っているのだろうか」(Que sais je?)

という疑問によってしか自分を説明できなかったのである。

エピクテトスとモンテーニュの二人はたしかに世界で最も有名でかつそれだけが理性にかなったものである二宗派の最大の擁護者である。ただし彼らの誤謬の源泉は、人間の現在の状況が創造の原初状態と異なっているのを知らなかった点にある。ストア派は人間の最初の偉大な痕跡に注目しながらその腐敗を知らぬために、自然を健全で修理者の必要なきものとみなし、そのために傲慢と尊大の極点にまで達した。懐疑主義は現在の悲惨を感じながら最初の偉大さを知らなかったために、絶望と怠惰、卑怯へと墜落した。それに対して福音の真理は神聖な術によって相反するものを調和させ、真なるものをすべて結合して偽なるものを駆逐し、それによってかの人間的教説においては両立しえなかったこれらの対立を調和させる。真に天上的な知恵を作り上げるのだという。そこでド・サシ氏はパスカルのことを「最大の毒を巧みに配合して最大の薬を取り出す医者」になぞらえるのである。

「神なき人間の悲惨」を直視するパスカルからすれば、内面的な自由にもとづく自力救済を目指すエピクテトスは、キリストの受難死という贖罪信仰の意味を無にする理性の高慢だと映るのも無理はない。もっともエピクテトスの教説の核心は、誤謬に陥りやすい平凡な人間がいかに習慣化したその思考様式を改変し進歩しうるかにあるので、パスカルがここで批判するように、人間理性と意志の完璧な自律を主張しているとは言えない (Long, p. 264)。だがいずれにせよこうした理解は、先のカーター女史の場合と同じく、その後もキリスト教の側からするエピクテトス評価の常套となったようである。

近代思想への影響

パスカルに近い時代では、デカルト(一五九六―一六五〇)の『方法序説』に見られる行為の格率が、エピクテトスの影響を色濃く残している。一八世紀に入るとジョセフ・バトラー司教(一六九二―一七五二)、シャフツベリー伯アンソニー・アシュレー・クーパー(一六七一―一七一三)ら熱烈な愛読者を生み、自然本性から宇宙の調和を直観する「道徳感覚」の概念は英国経験論の進展に影響を与えたが、一八世紀後半以降、アダム・スミス(一七二三―九〇)を最後にエピクテトスの影響は徐々に下降線を辿ることになる。一九世紀には詩人マシュー・アーノルド(一八二二―八八)がエピクテトスとマルクスを「道徳の宗匠」と呼んで賞讃しながらも、エピクテトスの堅忍はなお少数の強者のための教説であり、キリスト教のもつ温かさや光が欠けていると慨嘆したのは有名である。

北米においては、自由と自律を強調するエピクテトスは概して好意的に受け取られたようである。その愛読者には超絶主義者エマーソン(一八〇三―八二)、ソロー(一八一七―六二)、自然詩人W・ホイットマン(一八一九―九二)などの思想家・文学者が数えられる。またピューリタンの牧師ジョン・ハーヴァード(一六〇七―三八)が北米初の新設大学に遺贈した蔵書目録(一六三八年)には『提要』が含まれており、第三代大統領で独立宣言の起草者トマス・ジェファーソン(一七四三―一八二六)はカーター訳の『語録』を愛読し、ヴァージニア大学の創設に際してエピクテトスのギリシア語原典を図書館に備えた。私信の中で、自らエピクテトスを訳す夢を語っているほどの傾倒ぶりである。

図 3——ヒルティ

出典)『眠られぬ夜のために』第 1 部上, 岩波文庫, 1936 年.

自己教育と幸福論

キリスト教の立場からストア哲学を積極的に評価する点で、次にスイスの思想家カール・ヒルティ(一八三三―一九〇九)の『幸福論』を見てみよう。ヒルティはもともと弁護士・法学者であったが、ギリシア・ローマの古典に親しみ、特にエピクテトスとマルクス・アウレリウスを愛読したことで知られている。その訓育的な思想と簡潔なエッセイ風の文体が好まれて、旧制高等学校の独逸語《ドイツ》教科書として広く普及した。

ヒルティによれば、自主独立の人格を養成することこそ教職にある者の本分である。だがこうした人格の陶冶は、自己教育と模範によって養われ、自ら獲得すべきもので、教え伝わるものではない。そしてこうした自己教育を達成しうる方途はストア主義とキリスト教だけである。ストア哲学は美的享楽と実利主義に対立する思想で、運命の転変から超然たりうるような内面的に牢固たるすぐれた人格を実際に教育することができる。

ストア主義は、本来なんらの超自然的な要素を含まない。また、なんらの信仰をも要求せず、常にただ普通の常識に訴えるだけである。向上の精神に燃えて修行の道にいそしむ青年の魂と性格とに、非常な魅力と鼓舞の力とを与えるものであるが、キリスト教は、一応教育を終えた人のかなり豊かな人生経験と謙虚な心情を前提としているので、なお修学中の青年には十分適しないところがあるという。

後世のキリスト教の著述家、なかでも聖アウグスティヌスなどは、セネカやマルクス・アウレリウスとともにエピクテトスを半《セミ》キリスト者に数えている……その気高い言葉のあるものは、なるほどキリスト教の倫理的精神に接近しているが、しかし、この哲学は元来、キリスト教とは全然違った世界観を根底としているために、それはもはやキリスト教の小児のような純粋なよろこびの精神を持っていない。……全体としてみれば、エピクテトスの『提要』は、その倫理的内容において、当然最高の地位を占むべきもので、キリスト教の倫理的教義に最も近い古代の著書である。

（岩波文庫、四一―四二頁）

ここに見られるように、『幸福論（第一部）』所収の論文「エピクテトス」は、もともと彼の故郷クールの師範学校の雑誌に寄稿した小文であるせいか、ストア哲学をもっぱら教育的効用の点から評価しているのが特徴である。今となってはいささか古色蒼然たる感もあるが、その教育理念にはなお憧憬の念を覚える教育者も少なくあるまい。そしてこの論文は註を附した『提要』全五二章の独訳を含んでおり、戦前からわが国におけるストア哲学を紹介する回路として重要な意味をもったのである。事実、わが国の古代哲学研究の草分けの一人、山本光雄（一九〇五―八一）もヒルティを介してエピクテトスにふれたことを回想している（『ギリシア・ローマ哲学者物語』角川書店、一九七九年、講談社学術文

図 4——三谷隆正

出典)『三谷隆正全集 1』岩波書店，1965，口絵．

庫、二〇〇三年)。

また旧制第一高等学校の法制・独逸語の教授として昭和初年の青年に思想的影響を与えた三谷隆正(一八八九―一九四四)も、ほぼこうしたヒルティの考え方の延長線にあるといえよう。彼は内村鑑三(一八六一―一九三〇)に影響されたキリスト教の立場から、エピクテトスやマルクス・アウレリウスの宗教性を高く評価する。戦時下に執筆した遺作『幸福論』(刊行は死後)は全体としてE・ツェラー(一八一四―一九〇八)の哲学史に影響された史観ではあるが、「幸福論の歴史」と題してソクラテス以降の古代哲学史を展開し、「殊にアウレリウスの『自省録』の中のある言句などは、キリスト・イエスの言葉を聯想せしめるようなものがある」としながらも、とりわけその自殺肯定論を徹底して嫌い、「古代末期の幸福主義の哲学は明らかに幸福の真諦を摑みそこなった」と批判する。

今となっては「忘れられた思想家」に数えられそうな三谷であるが、岩波文庫版『自省録』の献辞にも窺えるように、訳者神谷美恵子がマルクス・アウレリウスを知ったのも、無教会主義キリスト教の影響下、ヒルティから三谷を介してのことだった。

ニーチェのエピクテトス評価

以上のようなキリスト教思想家に対して、これと反対に、宗教に敵対的な視点からストア派を対照させる点で、ニーチェの引用はさすがに彼一流の底意地の悪さを窺わせるものがあって興味深い。彼はマルクス・アウレリウスについてはさほど言及していない。

認識の誘惑——学問の門戸をのぞきこむことは、情熱的な精神の持ち主たちにとって、魅力中の魅力のような働きを及ぼす。そしておそらく彼らはそのとき空想家に、うまくいったときには詩人になるであろう。認識する者たちの幸福に対して、彼らはそのように激しい熱望を抱く。僅かな言葉で、しかも第一流で一番美しい僅かな言葉で学問がその福音を告げたこの甘い誘惑の響き——それは諸君の感覚全体に徹しないであろうか。「妄想を消失させよ！　そのとき「ああ悲しい！」もまた消失してしまう。そして「ああ悲しい」とともに、悲しみもまた消失する(マルクス・アウレリウス)。

(『曙光』四五〇、茅野良男訳)

アッシジのフランチェスコは、人気があり、大衆的で、詩人であり、最下層の者たちを利するために魂の階序に抗争する。魂の位階制度の否認——「神のまえでは万人が平等」。大衆的理想とは、善人、没我の人、聖者、賢者、義人。おおマルクス・アウレリウス！

(『権力への意志』三六〇、原佑訳)

あの皇帝は、あらゆる事物をあまりに重大視することなく、その間に処して平静を持するため、あらゆる事物の移ろいやすさにたえず眼をとめていた。私には、逆に、すべてのものはそのように無常のものであることを許しえないほど、あまりにも価値多いものと思われる。すなわち、私はありとあらゆるもののために一つの永遠性を探しもとめるのである。最も貴重な香油や葡萄酒を海に注ぎいれてよいのであろうか？——過ぎ去ったすべてのものが永遠であるということは、私の慰めである、——海はそれをふたたび寄せかえすのである。

（『権力への意志』一〇六五）

これに対してエピクテトスについては、常にキリスト教道徳の批判という視点から、いささか屈折した讃辞を捧げている。要約しては面白くないので、少し長くなるが引用を並べてみよう。

エピクテトスのような、古代倫理のあの最大の驚異的人物たちは、現在世間で行なわれている、他人のことを思うことや他人のために生きることへの讃美については、何ひとつ知らなかった。彼らは、われわれの道徳的な流行に従えば、まさしく非道徳的と呼ばれなければならないであろう。なぜなら、彼らは全力をあげて、彼らの自我のために、他人への共感（とくに他人の苦しみと倫理的欠陥への）を防止したからである。

（『曙光』一三一）

エピクテトス的な人間は、たしかに現在理想を得ようと努めている人々の趣味に合わないであろう。

彼の本性の絶え間のない緊張、内面へと向けられた倦まぬ眼差し、その眼が一度外界へと向いたときの、うち明けないこと、慎重であること、うち解けぬこと、その上沈黙あるいは簡潔な話。すべては極めて厳しい勇気のしるしである……そうだ、彼は微笑することができる！　この理想の中には、とても多くの古代的な人間性がある！　しかし一番の美点は、神に対する不安が全く彼に欠けていることであり、彼が理性を厳しく信じていることである。（五四六）

キリスト教は老化した古代の宗教であり……こういう退化した民族に対しては鎮痛剤のような効果を持ち得たし、また現に持ち得ている。耳も眼も「泥で一杯」で、もはや理性の声も哲学の声も聞こえず、その名がエピクテトスであろうとエピクロスであろうと、ともかく生き身の姿で歩きまわる叡智をもはや見ることもできなくなっている時代——こういう時代には、おそらくまだ、おしてられた殉教の十字架や「最後の審判の喇叭」が有効に働いて、こういう民族をしてなお品よく生涯を終わらせることもできよう。（『人間的、あまりに人間的』II、二二四、中島義生訳）

ニーチェは『提要』五を微妙に訳し換えている。前章で引用したエピクテトスの言葉と比較してみよう。逆説を示しながらもなお教育(paideia)と進歩を説く古代人の穏健さに対して、近代人の絶望と孤独はいっそう深い。

「いつも他人に責めを押しつける限り、その者はまだ賤民に属している。いつも自分だけに責めを帰するとき、その者は智恵への途上にある。だが賢者は誰ひとり、自分も他人も、責めある者はいないとみる」……——人びとはこれを耳にはしたが、忘れてしまった。——違う、それは耳にされたことも、忘れられたこともなかったのだ……人びとは……エピクテトスの耳を持たなかったのだ。——ではエピクテトスは、これをわれとわが耳に向けて語ったのか？——そのとおりである。智恵は、孤独者がひとのあふれた市場で自分にだけ囁く密語である。（三八六）

瞑想的生活の後退や、ときにはそうした生活の過小評価を伴ってくるということは、おそらくわれらの時代の長所なのであろう。しかしわれらの時代が偉大なモラリストに乏しく、パスカル、エピクテトス、セネカ、プルタルコスがもうほとんど読まれず、労働や勤勉——以前は健康という大いなる女神のお供であった——がときおり病気のように荒れ狂うかにみえるということは、率直に認めなくてはならない。（同I、二八二、池尾健一訳）

キリスト教における道徳的懐疑。それはそれぞれの個人がいだく自分らの「徳性」に対する信仰を根こそぎにした。それは古代にその例の乏しくなかったあの偉大な有徳的存在を永久に地上から葬ってしまった。自己の完成への信仰をいだき闘牛の英雄のような威厳を具えて遊歩したあの世間的人望ある人間たちを。こうした懐疑のキリスト教的学校で教育されたわれわれが今日、古代人の教訓書たとえばセネカやエピクテトスのそれを読むとき、心慰む優越感を覚えるとともに人知れぬ洞見や展望に充たされる。（『悦ばしき知識』一二二、信太正三訳）

近代日本の仏教哲学

さてこうしたキリスト教に沿った近世以降の思想史とは別に、わが国におけるストア哲学の接点を考えるうえで、最も興味深いのは清沢満之《きよざわまんし》（一八六三―一九〇三）であろう。彼は明治の初年にあって、井上円了らと共に東京大学で西洋哲学を学んだ、仏教的素養を背景に西洋思想を受容した世代である。西洋哲学の概念を咀嚼して独自の仏教理解を展開したが、それは単なる思弁的な学問にとどまらない。彼は禁欲的な修行に徹した真宗大谷派の宗教改革者として知られ、仏教界における内村鑑三にも比せられる。特にエピクテトスの『語録』を『阿含経』『歎異抄』と共に「余が三部経」とまで呼んで傾倒した。

図 5 ―― 清沢満之

出典）『清沢満之全集 1』岩波書店，2002年，口絵．

明治三一年九月東上、沢柳氏に寄

宿し、同氏蔵書中より、エピクテタス氏教訓書を借来す。

（「当用日記抄」『清沢満之全集8』岩波書店）

エピクテトスとの本格的な取り組みは、明治二八年に結核の療養から復帰して寺務改革運動に邁進しながら宗門から除名処分に遭い、創刊したばかりの『教界時言』を廃刊せざるをえなくなるといった激動の時期にあたる（三五歳）。

秋冬の交、エピクテタス氏教訓書を披展《ひてん》するに及びて、頗《すこぶ》る得る所あるを覚え（中略）、修養の道途に進就するを得たるを感ず。

（同書）

以後、翌年にかけて日誌『臘扇記《ろうせんき》』の中に詳細な読書記録が見られるが、その大半は『提要』（G・ロングの英訳書）からの英文のままの抜書きであったり、また自己流の論旨の要約も散見する。いかにして如意と不如意を識別し、不動心を獲得するか、これは『他力門哲学』の核心でもあり、彼は仏教的修養論を突き詰める過程でエピクテトスのうちにその要諦を見出したのであろう。清沢の抜書きは通常の解釈や引用とは微妙に異なる。今村仁司が検証したように（『現代語訳　清沢満之語録』四五九頁）、日誌の中で、同じ文章が再び登場したり、一連の文章が切り離されて別の日付のもとに書かれたりするのが特徴である。それは単に情報や材料を収集するための読書ではなく、毎日欠かさず、英語の文章を書き抜くという行為自体に意味があり、読経や写経にも似て、読書と執筆とがそのまま修行でもあったかのようである。また彼は「西洋第一書」として弟子たちにも推奨し、「余は心に煩悶起こる時、エピクテタスの語を誦せば、煩悶忽にして晴るるを覚ゆ」と言って、病気の友人井上豊忠にも書き送っている(『有限無限録』一九)。

とはいえ、こうした知的かつ禁欲的な修養論が、開祖親鸞以来の「絶対他力の大道」(『精神主義』)と齟齬をきたさないのか。四〇歳にして夭折した清沢が、エピクテトスへの傾倒の先に抱えていたはずの問題は、先に見たパスカルやエリザベス・カーター、マシュー・アーノルドら真摯なキリスト者が一致してエピクテトスのうちに嗅ぎ取った「人間の完全性に対する傲岸な態度」である。没後ほどなく(一九〇四年)弟子の稲葉昌丸が英訳書(清沢の遺品)から翻訳した『エピクテタスの教訓』(浩々洞出版、明治三七年)が記念碑的な本邦初訳になる。

中国思想との比較

こうした直接的な影響史とは別に、P・アドはその著書の末尾で「普遍的ストア主義」とでも呼ぶものの可能性を示唆している。彼は中国思想研究家J・ジェルネの研究を引用しながら、明末清初の陽明学の思想家・王夫之《おうふうし》(一六一九—九二)の「大公無私」「大心」の概念や、同じく唐甄《とうけん》(一六三〇—一七〇四)の思想のうちに、ストア哲学と類似した発想を認める。唐甄によれば、大宇宙の時空に比して、人間は風に吹き飛ばされる塵の一粒か一瞬の花火にすぎない。とはいえ人間がもつ本来の善性の完成、道徳的努力の高貴さは、こうした矮小な人間を宇宙と等しくするのだという。こうした大宇宙と小宇宙の交感と調和を洞察する智慧の探究に、アドはストア哲学の核心を見る。たしかにこうした比較思想の試みは、西欧中心主義の呪縛から抜け出そうとする意味でも、注目を集めるものであろう。近世中国の思想家をストア派と重ねることの妥当性は、日中欧米を含む国際的な研究者の交流を進める中で、なお今後の課題として残されると思う。

現代に甦るエピクテトス

武士道や陽明学の伝統とは無縁の現代世界ではどうだろうか。一九七〇年代から米国社会の同時代を描いてきた「ニュー・ジャーナリズム」の旗手トム・ウルフの『成りあがり者』(*A Man in Full*, 1998)は、恰好の話題を提供してくれる。この通俗長編小説は、欲望と金と人種問題が渦巻くジョージア州アトランタを舞台に、バブルがはじけて倒産した六〇代の不動産会社社長クローカー氏が、ふとした偶然からエピクテトスの書物を通信販売で購入することになった若い従業員コンラッドに説得されてストア派に転向し、やがて『ストア派の時間』というテレビ番組で伝道師として成功するという物語である。無実の罪でコンラッドが投獄された刑務所の中では南部訛や下品な俗語が飛び交う。看守や囚人たちの俗悪きわまりない会話の中で、コンラッドが読みあげて時折挿入されるエピクテトスの真剣な箴言が絶妙な違和感を醸《かも》し出している。病気や貧困の中で求道に邁進した清沢の状況とは正反対に、現世的欲望が覆い尽くし、生き馬の目を抜くような米国のビジネス社会にあって、ストア派がいかにして人々の琴線にふれるのか。ウルフの視線は軽いアイロニーを含みながらも、鋭い問題を提起しているのである。

第五章

『自省録』という書物（一）
——成立の謎・写本伝承・翻訳の歴史

マルクス帝の登場する映画『グラディエーター』や『ローマ帝国の滅亡』には、寒風吹き荒《すさ》ぶ対ゲルマン民族前線の陣営にあって、私室の中でひとり皇帝が灯火のもとにペンを走らせる場面が出てくる（第七章参照）。孤独と憂愁の漂う名場面の一つであるが、このあまりにもリアルで劇的な執筆の再現映像にもかかわらず、その後の『自省録』という書物の遍歴は長い間にわたって深い霧に覆われている。

書物の旅路

活字で印刷された書物の形態に慣れた現代人にとっては想像しにくいことだが、古代世界にあって一冊の書物が伝承されて今日に伝わるというのは、ある意味で奇跡的なことである。それは海洋冒険物語『オデュッセイア』にも似て、幾多の危機を乗りこえなくてはならない。パピルスや羊皮紙といった当時の記録媒体は極めて脆弱である。火災や略奪はもちろん、保存状態が悪ければ腐食や磨滅のおそれもある。しかも書物が伝承されるためには、筆記され書写されなければならない。古代にはアカデメイアをはじめとする哲学の学園で、中世には修道院の図書室で、ある程度組織的に転写がなされたとしても、人手による以上は手写本が筆記される際の人為的な誤記は避けられない。しかも一度誤記されれば、それが後代にまで引き継がれていくのである。そもそも当の書物に伝承すべき価値ありと認められなければ容易に忘れられてしまう。だが権威をもつ書であれば、為政者が政治的に利用すべく改竄されようし、逆に政治的・宗教的に危険な思想を含むと見られれば、焚書の憂き目に遭う。そして『自省録』も他の古典作品と同様、まさに人知れずこうした長い旅路を辿って今日に及んでいるのである。

オリジナル・テクストと遺稿

映画にも描かれているように、皇帝はおそらくこれらの文章を自分の手で書いたに違いない。公式の書簡や指示など一連の政治的な文書は、専門の係官に口述筆記させるものである。だが内容から考えて、執務や接見以外の私的な時間に、しかもさほど長くない時間に、メモや日記のようにして少しずつ書きためていったのであろう。こうした皇帝の手稿を仮に「オリジナル・テクスト」とすれば、これが現在われわれの手元にある『自省録』とどう関係するか、実は微妙な問題がいくつも伏在している。マルクスが哲学に傾倒していたのは周知の事実であるにしても、彼が「著作を執筆していた」

ことを果たして周囲の人々は知っていたのだろうか。アウィディウス・カッシウスの伝記(ローマ皇帝群像)によれば、カッシウスはマルクス帝に向かって、マルコマンニ戦役に出征する前に『哲学の教訓』を出版するよう忠言したという(*Historia Augusta*, 3. 6-7)。また映画『ローマ帝国の滅亡』では、フィクションとはいえ、娘のルキラに原稿の束を手渡す場面が描かれている。はたして皇帝は自筆の原稿を公刊するつもりだったのか。仮にそうだとすれば、何を意図してだったのか。不肖の息子コンモドゥスに宛てた教訓であるとする見方もその一つであり、ビザンツ時代には事実そう信じられていたらしい証言もある。

だが内容からみれば、周囲に対して秘密にしていたかどうかはともかく、皇帝には初めから他人に見せるつもりはなく——われわれの授業ノートや手帳や日記と同様に——自分だけのための覚書であった、とする方が蓋然性は高い。皇帝の死後、遺品を整理していた家族か側近の誰かがこの手稿の存在に気づき、それを保存して、限られた範囲で回覧・複写させたのかもしれない。だがその際、オリジナル・テクストがどういった状態であったのか？　つまり、そのすべてが保存されたのか、それとも第三者の選別・編集の手が加わったのか、現在のテクストどおりの順番で書かれていたのか、第一巻と第二巻、また第二巻と第三巻の間に置かれている「グラン河畔のクアディ族の間にて記す」「カルヌントゥムにて」とは誰がいつ記したのか？——これらはすべて全くの謎に包まれている。

『自省録』第一巻には彼が学んだ教師や友人たちの名簿が並んでいる。その中にはストア派の哲学者だけでも、カルケドンのアポロニオス、カイロネイアのセクストゥス、ユニウス・ルスティクス、クラウディウス・マクシムス、キンナ・カトゥルスの名が見える。彼の側近か友人のうちに僅かでも慧眼のストア派学者がいれば、彼の遺稿を前にして、それがいかにストア哲学の真髄を証言する貴重な魂の記録であるかを見抜くのは容易であったろう。しかも皇帝の遺稿が、政策や戦争に一切言及することなく、きわめて政治性の薄い――つまり権力によって悪用されることのない――ごく私的な覚書であったことも幸いした。こうして、おそらくは周囲にいた思想的同志たちの手によって、オリジナル・テクストはひっそりと転写され、保存され、回覧されたのだろう。「遠からず君はあらゆるものを忘れ、遠からずあらゆるものは君を忘れてしまうだろう」(七・二一)というマルクスの洞察は皮肉にも裏切られることになり、著者の死とともに著者の手を離れて、彼の声は伝承の旅路についた。だがこの後、どのような航路を辿ったのか、記録や証言はどこにもない。皇帝の死後二百年近くその行方は深い霧に閉ざされている。

古代・中世での言及

その後、古代において『自省録』の存在に僅かに言及したのはペリパトス派の哲学者テミスティオス(三五〇年頃)で、彼はマルクスの「格言集」(parangelmata)と呼んでいる。だがその後は五世紀間にわたって再び消息は聞かれなくなった。ようやくビザンツ時代の古代学事典『スーダ』(*Suidas*)には、その写本の存在が示唆されて、(第一、三、四、五、九、一一巻から)一三ほどの文章が引用され、「皇帝マルクスによる人生の「指針」(agoge)全一二巻」と呼ばれている(九〇〇年頃)。同じ頃カッパドキアのカイサレイア司教アレタスが友人デメトリオスに対して、自分は「この偉大な書物」の写本を所有しているが、保存状態がよくないので、それを新たに複写して遺贈する旨を書き残している(九〇七年)。注目すべきは、アレタスがルキアノスの註釈書の中でこの書を三度にわたって「自分自身に向けた倫理の書」(ta eis heauton ethica)と呼んでいることである。こうしてみると、ビザンツ世界において一〇世紀以降は「タ・エイス・ヘアウトン」という題名を持つ皇帝マルクスの著作が全一二巻として伝承されていたことが推測される。

それから二五〇年後、コンスタンティノープルの文法学者ツェツェスが第四、五巻から幾つかの文章を引用している。さらに一五〇年下って一三〇〇年頃、教会史家ニケポロス・カリストス・クサントプーロスは「マルクス帝が、世俗的経験と知恵に充ちた教訓書を、息子のために書いた」と記している(『教会史』Migne, PG. 145, 960)。ほぼ同じ頃、コンスタンティノープルの修道士プラヌデスが詞華集編纂に携わっていたが、その中にはアリアノスとマルクスの文章がいくつか含まれていた。第四—一二巻から四四の文章が抜粋されている。一四—一六世紀にかけての『自省録』を含む二五以上にのぼる写本は、ほぼこれらと同じ源泉に由来すると思われる。

これに対して西方ラテン世界では、一六世紀に至るまでマルクスの著作は知られていなかった。ヨハネス・ロイヒリン『カバラ術』(一五一七年)には『自省録』からの引用が二つほど見られるが、これは彼の所蔵する写本からであったろうと推測されている。

写本と印刷本

近代における印刷本はスイスの出版業者クシランダー（本名ウィルヘルム・ホルツマン）に始まる。彼は『自省録』の全巻を含む唯一の写本（P: Codex Palatinus）だけにもとづき、ラテン語対訳で印刷刊行したが（チューリヒ、一五五九年）、後に写本の方は消失してしまったため、この印刷本が初版（editio princeps）に相当する。それ以外には全巻を含む写本は一つしかない（A: Codex Vaticanus 1950）。これは一四世紀の写本で、あちこちで事故や磨滅のため合計四二行ほどが欠落している。『自省録』の本文校訂は、このPとAの両写本を基本に行われる。写本が少ないため難読箇所も多く、訳者によって異読や解釈の幅が大きい。その他の有力写本としては以下のものがあり、いずれも欠損しているが、別の系統に属するために校訂に際しては重要な意味を持つ。

D: Codex Darmstadtinus 2773　一四世紀。第一―九巻から一一二の文章が抜粋されている。

C: Codex Parisinus 319　第一―四巻から二九の文章が抜粋。他の七つの写本はこれらと同系統（C）に属する。

M: Codex Monacensis 323　一五―一六世紀。第二、三、四、七巻からごく短い一四の文章を含む。

写本の評価と本文校訂に関しては、レオポルド（pp. iii–xii）やヘインズ（p. xvi）の簡潔な説明以外に、ファルカーソンの序説（pp. xx–xlii, 1944）、また最近ではトイブナー文庫のダルフェンの序説（pp. vii–xxv, 1979）が委細を尽くしている。

図 6 ――『自省録』の写本（A: Codex Vaticanus Graecus 1950, fol. 389 recto）
全巻の本文を含む現存する唯一の写本．14 世紀作成．事故のため計 42 行ほどが欠落している．第 11 巻 34 章から第 12 巻 2 章にかけての部分．

出典）A. S. L. Farquharson, *The Meditations of the Emperor Marcus Antoninus*, volume 2, Oxford, 1944.

さてクシランダーの印刷本は刊行後ただちに大評判となり、西欧各国語に翻訳されるきっかけとなった。英・独・仏・伊・西の西欧語のみならず、ロシア、チェコ、ノルウェー、ポーランド、またペルシャ語にも訳された。英国だけでみると、一七世紀には二六、一八世紀には五八、一九世紀には八一、二〇世紀初頭の八年間だけで三〇以上もの版が刊行されたという(J. W. Legg, *A Bibliography of Marcus Aurelius*, 1908)。

章別は、写本にも最初の印刷本にもなく、ただ若干の段落が示されているだけであった。そこで一六一一七世紀の刊本では様々な区切が試みられた。その中でもトマス・ゲイタカーの詳細な註解付きのラテン語訳(ケンブリッジ、一六五二年)による章別が普及して今日に及んでいるが、なお校訂者によって若干のずれがある。つまり、現行の章別は決して著者マルクス自身によるものではなく、章ごとに書かれたことを意味しない。異なる主題が一緒にされたり、一連の流れで読むべきものが分断されたり、不適切な区切が多く、P・アドなどはその全面的な見直しを主張している。

さまざまな翻訳の試み

最初の英訳はメリック・カソーボンの手による(ロンドン、一六三四年、改訂版一九〇〇年)。ただし記念碑的なこの訳には文体と正確さの両方で賛否両論がある。続いてジェレミー・コリアー訳(一七〇一年)は流麗闊達な文体で有名であるが、マシュー・アーノルドのような支持者はいるものの、概してギリシア語についての正確な理解を欠いていると酷評されることが多い。これに対してジェイムズ・

ムアとトマス・ハチソンの共訳（グラスゴー、一七四二年、改訂版一九〇二年）は文体への配慮よりはもっぱら訳語の正確さに重点を置いた点で、これまた読者によって賛否が分かれる。

『自省録』英訳の歴史上、画期的な訳はジョージ・ロングである（ロンドン、一八六二年）。「欽定訳聖書」（Authorized Version）にも擬せられるロング訳は、アーノルドがその衒学《げんがく》ぶりを揶揄することもあるが、概して訳語の正確さと堅実な文体とで、四〇年以上にわたって決定版とされてきた。本文の姿を忠実に反映し、ぎこちない部分を流麗に糊塗《こと》するのではなく、あえて無骨な表現を与えるなど、文体に対する細心の注意を払っている点が特徴である。

二〇世紀に入ると、ジェラルド・レンドール（ロンドン、一八九八年、第二版一九〇一年）、ジョン・ジャクソン（オクスフォード、一九〇六年）、またヘインズの希英対訳（ロウブ古典叢書、一九一六年、改訂版一九三〇年）、ファルカーソンの詳細な註解付き希英対訳本（オクスフォード、一九四四年）などが登場した。二〇〇八年現在の時点で普及している最新の英訳はマーティン・ハモンド訳（ディスキン・クレイ解説、ペンギン古典文庫、二〇〇六年）である。

カソーボンはじめ、これらの代表的な英訳は後代の研究者による改訂や解説・序説を加えて何度も再刊されており、今日でも各種の紙装版で入手できるのは驚きである。ロング訳に至っては、インターネット上で電子テクストの形でも入手可能である（巻末の参考文献を参照）。

こうして近代語による翻訳が成熟を迎えたのを背景に、わが国ではようやく大正年間に入ってから、まずは（エピクテトスの翻訳と同様に）英訳からの重訳がいくつか試みられ、戦後になって西洋古典学の受容と興隆に伴って、原典からの翻訳が可能になったのである。

第六章

『自省録』という書物(二)

——誰のために？　何のために？

標題

書物の原題(タ・エイス・ヘアウトン)は「自分自身に向かってのもの」を意味するギリシア語である。これは、(一)「自分自身のための覚書、個人的備忘録」とも解され、古代以来「自身への訓戒」とみる伝統があった。またもう少し即物的に考えて、(二)公文書と区別された皇帝の「私的な文書のファイル」を示唆する研究者もいる(Trannoy, 1925, p. ii)。さらに内容を汲んで、(三)自分との対話(Selbstgespräche)、もしくは自己省察(Selbstbetrachtungen)ないし内観・瞑想(meditations)と受け取ることもでき、邦題の『自省録』はこうした解釈の延長線上にある。戦前は『瞑想録』と訳されたが、これは英訳もしくは仏訳(Pensées)からの直訳であろう。初出の用例は不明ながら、戦後は『自省録』がほぼ定訳となって現在に及んでいる。

ところでこの書物の標題は、誰が、どの時点で、何を意図して付したのだろうか。それはこの書物がどのように成立したのか、またどのように読まれるべきであり、事実どう読まれてきたのかという問題と密接に関係する。

現代であれば書物の標題は、当然のことながら著者自身がその著作の内容を考えた上で、読者を想定してつけるものである。書物も商品である以上、出版元の編集者が売れそうな題名を助言することもあろう。しかし古代において、ことはそれほど単純ではない。「劇作家」としてのプラトンは自分で標題をつけたかも知れない。だがそれはシェイクスピアの作品に似て登場人物の一人、つまり(ソクラテスの)対話相手の名前である場合が多いから(たとえば『メノン』や『ラケス』)、題名がそのまま内容を示すわけではない。これに対してプラトン対話篇の副題(「魂について」「美について」など)は後世の所産と考えられる。現存するアリストテレスの著作の標題は、論稿ごとにその内容に即して編集の過程でつけられたものであろう。マルクス帝に仕えた侍医ガレノスやプロティノス(二〇五頃―二七〇)は相当量の著作を遺したが、標題を付さないままの自筆原稿を知人に渡した事実が知られている。このように標題を持たず、公刊のために十分な推敲を経ていない手稿が「覚書」(hypomnemata)と呼ばれることが多い(プラトン『パイドロス』二七六D)。

マルクス自身に初めから「著作」を公刊する意図がなかったとすれば――個人の日記や手帳が無題であるのと同じく――標題がついているはずもなく、したがってそれは編集者の判断による命名か、後代の伝承過程で便宜的に付与されたものであろう。「タ・エイス・ヘアウトン」という題名はすでにアレタス司教が言及していることから、一〇世紀ビザンツ時代には写本に題名が添付されていたと思われる。最初の印刷本(クシランダー編集)が準拠した写本(P: Codex Palatinus)にはすでにこの標題が付されており、写本自体は行方不明になったものの、以後の刊行本で踏襲されている。

他方『自省録』全文を含むもうひとつの有力写本(A: Codex Vaticanus 1950)には題名がなく、その後も新しい印刷本が刊行されるたびに、様々な題名がつけられてきた。クシランダーはラテン語訳で「彼自身について、または彼の人生について」(De se ipso seu vita sua)と命名した。メリック・カソーボンはギリシア語・ラテン語対訳版(一六四三年)では「彼自身について、また彼自身に向かって」(De se ipso et ad se ipsum)としたが、英訳版(一六三四年)では「彼自身に関する瞑想」(Meditations concerning himself)としている。一八世紀以降、刊行の度に各国語で様々な標題がつけられてきた。西欧語のうち主なものを挙げると次のようになる。

ラテン訳　De officio vitae(人生の義務について), Pugillaria(絵馬), Commentaria quae ipse sibi scripsit(自分自身のために書いた註記).

英訳　Thoughts, Meditations, To Himself, Conversations with Himself, Communing with Himself.

独訳　Selbstbetrachtungen, Selbstgespräche, Weg zu sich selbst.

仏訳　Pensées, Pensées morale, A moi même, Pensées pour moi-même, Soliloques.

伊訳　Pensieri, Scritti, Ricordi, A se stesso, Colloqui con se stesso.

邦訳　瞑想録、冥想録、不動心、自省録。

こうしてみると、各国語の間で、著作の内容を考慮した照応関係が認められよう。近年、英訳ではMeditationsに、邦訳では『自省録』にほぼ定着しつつあるように思われる。

ギリシア語

マルクスはローマ人であることを誇りとしながらも(二・五、三・五)、ごく私的な文書を全篇ギリシア語で書いたのは意外に思えるかもしれない。なぜか。第一に彼は、ヘロデス・アッティクス、アンニウス・マケル、カニニウス・ケレルら当代一流の学者からギリシア語の修辞を学んで、ギリシア語には精通していた(『生涯』二)。

第二に当時のローマは多言語社会であり、特に哲学に関してはなおギリシア語が主流であった。ラテン語を駆使して哲学書を著した者は、ルクレティウス、キケロ、セネカなど数えるほどで、同時代のコルヌトゥス、ムソニウス・ルフスやエピクテトス(執筆はアリアノス)など、いずれもギリシア語で語り、また書いたのである。特に判断(hypolepsis)、表象(phantasia)、把握可能(kataleptike)、主導的部分(hegemonikon)といったストア哲学の術語は安易な翻訳を許さない含蓄があった。医者が病名や処方をカルテに書きこむ際のように、専門分野に関しては特殊な用語が外国語であっても容易に使用される。その意味では、マルクスが単に日々の出来事や個人的な感懐を書き記すのではなく、ストア哲学にもとづく生活の規則を練り上げていく意図があったとすれば、むしろギリシア語で書く方が自然なのである。実際キケロ(前一〇六―前四三)には、大カトー(前二三四―前一四九)にも通じる愛国心の発露が背景にあるし、エピクロス派の自然学説を韻文で綴るという離れ業を演じたルクレティウス(前九九頃―前五五頃)にしても「事柄の斬新さとラテン語の語彙の貧困のゆえに」ギリシア人による発見をラテン語の詩型で説明することの困難さを、長大な詩の序文で嘆じている(『事物の本性について』第一巻一三六―一三九行)。

ただし著作の意図に関する明示的な言及はない。一部に聴衆を予想した表現があるにしても、あくまで全体としては自分自身に対する訓戒(parangelmata)と考えるべきであろう。読者を意識した研究論文、講義録、教科書とは違って、構成や体系とは無縁で反復を辞さぬ、極めて私的な覚書の集積である。師フロントとの書簡(現存七八通)から知られるように、たしかに彼自身は書くことが好きであった。だが学問への未練すら虚栄心と考え(八・一)、書物への嗜好をあえて振り捨ててまで(二・二、三・一四)自らの責務に忠実であろうと努めた哲人皇帝にとっては、わずかな閑暇に許された執筆という行為自体が、一私人に立ち返って(六・四四)ひたすら自分と向き合う、いわば救済の契機ではなかったか。「君が価値ある仕事に従事しているつもりになっているときこそ、もっとも誑《たぶら》かされている」(六・一三)、「君自身の内なるこの小さな土地に隠退することをおぼえよ」(四・三)と。

戦場の著者

執筆時、おそらくマルクス自身が国防の前線基地に起居していたにもかかわらず、最高指揮官としての自分の立場や戦場の現実、まして作戦計画に言及することはほとんどない。たしかに「手足が切断されたのを、首が切り取られて横たわっているのを見たことがあるだろう。(中略)反社会的な行動をする者は自分に対して同じことをしているのだ」(八・三四)とか「他人に助けてもらうことを恥じるな。兵士が城砦を奪取するときのように。君には課せられた仕事を果たす義務がある」(七・七)といった断章が、あるいは「人生は戦いであり、旅の宿りであり、死後の名声は忘却にすぎない」(二・一七)とか「現在の瞬間が君の生涯の終局であるかのように、自然に従って余生をすごさなくてはならない」(七・五六)といった透徹した心境が、苛酷な戦場の情景を反映していることは間違いない。その意味では「戦略も戦役の展開に関しても何ひとつふれていない『自省録』だが、著者の戦場経験なしには書かれえなかった」(塩野七生、一七三頁)書物なのである。

文学類型(ジャンル)

さて『自省録』はどのような文学類型として理解すべきだろうか。「初版本」を刊行したクシランダーはこの著作がプラトンやキケロのような完成度の高い文学的構成を欠いているところから、現存するテクストを、皇帝の「著作」からの粗雑な「抜粋集」であると見なした。一六世紀当時、哲学の著作はきちんとした構成をもつべきものと考えられていたからであろう。

カソーボンはこれに対して、テオグニスやフォキュリデスのような古代文学の延長にあるアフォリズム(格言集)として『自省録』を理解しようとする。つまりエピクテトスの『提要』と同様、モラリストにとっては体系的な叙述よりも「寸鉄人を刺す」簡潔な文学的表現こそがふさわしいのであり、全体をよく読めば、そこに一貫した思想を汲み取ることができるはずだという。また詳細な註解を遺したトマス・ゲイタカーは『自省録』の個人的な性格を強調する。エピクテトスの『語録』が(クセノポンや福音書記者にも擬される)アリアノスという筆記者を持っていたのに対して、『自省録』は皇帝が自ら発想の赴くままに自筆で書いた。だからそれは単に書かれた順に並べられているだけで、飛躍や省略、反復を厭わず、しかもそれで個人的な使用にとって十分だったのだという。

これに対して文献学者カスパー・バルト(一六二四年)はクシランダーの線に戻り、著作のあちこちにかなり長い一連の推論の跡を認めうるところから、この著作が壮大な体系をもった倫理学書からの抜粋(eclogai)に当たるとみなした。これを受けてジャン=ピエール・ド・ジョリ(一七七三年)は、マルクスは体系的な書物を書いたのだが、それは死後に散逸してしまい、後代の編集者が散乱した状態のままに編集したのが現存テクストであるとして、全三五章から成る「原著」の復元案まで提示してみせた。

ファルカーソンの近代的な研究(一九四四年)はこうした傾向を集約するとも見られる。彼の推測によれば、一〇一一五年にわたってマルクスは「慰めと励ましの書」を書くべく様々な材料を蓄積していた。その証拠に、文学的な表現を意識的に用いた箇所が随所に見受けられる。皇帝の死後、おそらく秘書が遺稿からの抜粋を試みた。現存テクストが無秩序なのは、この秘書の行った操作が、遺稿の順序そのままだったか、彼の抜粋が拙劣だったたか、あるいは本文がそれ以後長年にわたって筆記者によって改竄《かいざん》されてしまったかのいずれかが原因であろう。いずれにせよマルクスの意図は、哲学的な生活のために有用な指針を述べた提要を書くことだった。この際ファルカーソンの念頭にあるのは、シャルトルの修道士グイゴ『瞑想』(一一一〇年)、トマス・ブラウン『医師の宗教』(一六四三年)、そして何よりもパスカルの『パンセ』だった。

一九世紀ロマン主義の時代には、著作の不統一や非体系性は瑕疵《かし》にはならない。マルクスの熱狂的な愛読者として有名な宗教史家エルネスト・ルナン(一八二三―九二)は次のように述べている。「マルクスは若い時分から始めた個人的な日記で、自分の内面を秘かに書き続けた。おのれを奮い立たせるために用いてきた金言、愛読書からの抜粋、印象深いモラリストの言葉、自分の行動を支える原則、そして時には自らに対する叱正を、そのうちにギリシア語で刻み込んだのである」(E. Renan, *Marc Aurèle et la fin du monde antique*, p. 22)。

たしかに『自省録』は「日記」と呼ばれてもよい文学類型であろう(G. Misch, *Geschichte der Autobiographie*, 1951, p. 449)。あるいは「霊的な日記」(P. Brunt, "Marcus Aurelius in his Meditations", in *Journal of Roman Studies*, 64, 1974, pp. 1-20)とも。だがピエール・アドは「自分の心情や精神状態を、その迸《ほとばし》るままに委ねて書いた」とするルナンの想定は、マルクスの場合にはあてはまらないという(p. 27)。ルナンの念頭にあるのは何よりもロマン主義文学の主人公、アミエル(一八二一―八一)やモーリス・ド・ゲラン(一八一〇―

三九)のように、日々不安と苦悩に苛《さいな》まれる「悩める魂」であった。ルナン以降の二〇世紀の歴史家は「忍従や怨念や悲観を日記のうちに吐露することで呵責《かしゃく》なき現実からわずかに慰めを見出す孤独な皇帝」という近代的な自我を無意識に投影していたのではないか、というのがアドの冷静な診断である。

覚書

現存テクスト全一二巻のうち、恩師や家族からの恩恵を順次回顧する第一巻だけは異色で、むしろ後代の付加を予想させる。それ以外の巻は、それぞれ主題に多少の偏差があるものの、さほど截然とした相違があるわけではない。文体はいかにも断片的な覚書らしく一見すると素朴で素っ気ない。だが仔細に観察すれば、そこには読者を想定して相当の修辞を準備している節もある。

すべてかりそめにすぎない。おぼえる者も、おぼえられる者も。

(四・三五)

もっともよい復讐の方法は自分まで同じような行為をしないことだ。

(六・六)

遠からず君はあらゆるものを忘れ、遠からずあらゆるものは君を忘れてしまうだろう。

(七・二一)

このように『自省録』の中には短いが、またそれだけに印象に残る名文句が多く、この著作の最大の魅力ともなっている。これに対して二〇―六〇行にも及ぶ長い一連の文章も散見される。また悲劇作家、プラトン、エピクテトスらからの抜粋が続く箇所がある(七・三五―五一、一一・二二―三九)。断章が続く叙述は雑然としており、重複や並行箇所も多い。これらの無秩序な断章群をどのように評価できるだろうか。

最近の研究(ラザフォード、アド)は、著者が文体に対して無関心だとする従来の評価(バーリー)に対して、倫理的勧告に特有の比喩や修辞の特徴を文芸批評の観点から解明している。アドはここで『自省録』中の「覚書」と死の関係に注目する。

これ以上さまよい歩くな。君はもう君の覚書(hypomnemata)や古代ローマ・ギリシア人の言行録や晩年のために取っておいた書物の抄録などを読む機会はないだろう。だから終局の目的に向かって急げ。そしてもし自分のことが気にかかるならば、空しい希望を棄てて許されている間に自分自身を救うがよい。（三・一四）

書物はあきらめよ。これにふけるな。君には許されないことなのだ。（二・二）

書物にたいする君の渇きは捨てるがいい。そのためにぶつぶついいながら死ぬことのないように、かえって快活に、真実に、そして心から神々に感謝しつつ死ぬことができるように。（二・三）

アドの診断によれば、若年の時分から読書と執筆を愛してきたマルクスにとって、死の切迫を自覚するに及んで「書くことの目的」が大きく変化したという。漫然とした趣味としての読書と日記ではなく、自らの生を律するに不可欠な規則へと収斂させていくような言葉を刻むこと——たしかにそれは推敲には至らない「覚書」である。こうした覚書について言及している他の著作家の証言を見てみよう。

私が読んだか人づてに聞いたかのうち、覚えておくべき価値ありと思ったことを、まだ記憶が確かなうちに、順不同に急いで書き留めてみました。

（アウルス・ゲリウス『アッティカの夜』）

たまたま自分用に作ってあったノートから取り集めてみました。君が美文狙いの講義を聞くためではなく、実際に役立つ助言を得るためだ、と考えたからです。

（プルタルコス『心の平静について』一、戸塚七郎訳）

このように、著作の冒頭であえて「つれづれなるままに」書いたことを断っている著作は同時代の文献にも散見する。マルクスの場合、書いたものは、たしかにこのような推敲以前の覚書であった。だがそれは文章が粗雑であることを含意しない。むしろ彼にとっては切実であるからこそ、細心の注意をもって書かれた自己陶冶の記録であり、内面の対話なのである。

以上の考察から、暫定的な結論をまとめておこう。皇帝は自分の手で書き下ろした。おそらく蠟板に羽根ペンのような携帯に便利な筆記用具で。毎日少しずつ書きためていったが、それは公刊のために推敲を重ねる以前の状態にとどまっていた。これが後世の人々に読み継がれようとは思いもよらず、自分の書いた覚書がそのまま読者の目にふれることは彼の意図を裏切るものであったに違いない。とはいえ乱雑な書きなぐりでもなければ、感情の迸《ほとばし》るままに書いたものでもなく、意識的に洗練した文体上の工夫の跡があちこちに見られる。それは文章の持つ心理的な効果を十分に計算に入れたものだったのである。

自己対話の言語空間

公刊された著作でありながら、内面の対話を描いた思想史上の記念碑は、プラトン主義に刻印された教父哲学の傑作、アウグスティヌス(三五四—四三〇)の初期作品『独白録』(*Soliloquia*)であろう。それはキケロの著作を意識した密度の高い文体で次のように始まる。

もう長いこと私は様々なことに思いを巡らし、何日間も熱心に私自身と私の善、そしていかなる悪を避けるべきか尋ね求めてきた。そのとき突然私に語りかけてきた者がある。それが私自身であったのか、それとも誰か別の者が外から語りかけたのか内から話したのか、私には分からない。

たしかに欧米の研究者が「自己との対話」(Selbstgespräche)として『自省録』を理解しようとする際に、アウグスティヌスの『独白録』が大きな影を落としているのは疑いない。しかし両者の間には微妙な、しかも決定的な差があることにも注意しなくてはなるまい。対話といっても互いの立場は対等ではなく、主導権はどちらかが握っている。マルクス帝は自分を叱正し、勇気づけるように「君は」と語りかける。この場合、自己(の魂)を配慮しようとする理性の立場に、発言者は立っている。だがアウグスティヌスの場合、彼の自己はあくまで「語りかけられる」受動的な側にあり、突然襲ってきた理性(ratio)の言うことに耳を傾ける立場にある。そしてその対話を書きとめるもう一人の(外側の)アウグスティヌスは、速記者か同時通訳者のように、内面の対話を第三者の立場から書き写すだけには尽きない。その内容があまりにも自分に接近しているからである。彼は細心の注意を払って内面の対話を聞き届けなければならず、かくして「聴く私」と「書く私」は漸近線のように限りなく接近する。この対話が外部の雑音を排して徹底した孤独のうちに行われる所以である。

アウグスティヌスの場合も、司教としての職務上、信徒を前にしたかなり長大な説教を、口述筆記によって書き取らせたうえで後から手を加えた著作(『詩篇講解』など講話・講解もの)もあれば、自ら筆を執って推敲を重ねながら幾重にも周到な修辞を駆使して書き上げた作品(『告白録』*Confessiones* など)もある。また新プラトン主義の宗匠プロティノスは視力が弱かったせいもあって、内観の後に構想が熟するや、修辞はむろん正書法や美観にもこだわらず、自ら筆を執って一気呵成《いっきかせい》に書き下ろし、二度と見直すことをしなかった。その様は、まるで他の書物から転写しているかと見まがうばかりであったという(ポルピュリオス『プロティノス伝』八)。

いかに内面のドラマとはいえ、アウグスティヌスの『独白録』は対話篇の形式、すなわち読者を予想した通常の「著作」としての性格をはじめから備えていた。『自省録』はこの点で最初から読者の目を想定したわけではない。だが誰に見せるはずもない私的な覚書が、しかも時として憂鬱とも思える階調にもかかわらず、いやむしろそれゆえに、魂の糧として時代を超えて愛読されてきた秘密は、どこにあるのだろうか。その鍵は、おそらく思想内容と対応する特有なスタイルにあると思う。

『自省録』の全体は、二人称「君」という唯一の読者に向けた語りかけに覆われている。これが標題の由来でもあるのだが、誰が誰に対して語るのか、この点に奇妙な重層的構造が見え隠れするのである。つまり、

①皇帝は、虚栄心や怒りを捨てて「自分自身(の指導理性)」(三・四)や「内なるダイモン」(二・一三)に立ち返るよう、繰返し自らに言い聞かせるように語る。それは冷静に善悪の境界を見極め、万事を主観的表象《ヒュポレープシス》とみなし(二・一五)、「夢の中のものを見ていたように、現実のものを眺める」(六・三一)思

考の訓練であり、これはまさしく著者自身の内省的自己対話の記録というにふさわしい。

だがこうしたテクストを熟読するうちに、

②読者は次第に、皇帝が自分に対して「君は」と親密に語りかけてくるような視線や声を感じ始める。「もっとも高貴な人生を生きる力は魂の中にそなわっている。ただしそれはどうでもいい事柄にたいして無関心であることを条件とする」(一一・一六)、「君は多くの無用な悩みの種を切り捨てることができる。なぜならばこれは全く君の表象にのみ存在するからである」(九・三二)。岩波文庫版の訳者、神谷美恵子はこうした章句を引用しながら「この中で皇帝は自己に語りかけているのだが、ふしぎなことに、それがそのまま私に語りかけられているような思いがした」(『遍歴』みすず書房、八九頁)と述懐しているが、この体験はたしかに今日でも熱心な読者の印象や読後感と通じるものがあろう。

そこで読者が皇帝の勧告に従って自己の内面を注視するよう促されると、

③次第にこの声は自分自身が発している声であるようにも思えてくる。先に紹介したように、突然誰かしら自分の分身たる「理性」に語りかけられるという体験、つまり『独白録』のアウグスティヌスに近似した事態が発生するのである。

そこで木霊《こだま》が残響するようにテクストの文言が自分の内心の思考(一種の対話)と重畳して、一種の「地平融合」が成立する。テクストが呼びかける訓戒は、認識についてであれ、行為についてであれ、いかに厳格であっても、もはや決して教師や上長の押しつけがましいお説教ではない。そこに見出すのは、良心(conscientia)の呼び声ともいえそうな、微睡《まどろ》みの中から目覚めようとしている新たな自己の覚醒なのだ。神谷はこうした読書経験を「自分の外にあるものをどう受けとめるか、その「受けとめかた」を検討するのが大事だ、と気づかされたのだった。それ以来、暗いところにいた私が明るくなり、人とも交われるようになった」「現世をただ「涙の谷」とのみみなす考えから解放してくれ、「生存の重さ」を教えてくれた」「情緒過多な私に、もっと理知的なものを与えてくれ、もっと心を広くしてくれた」と述べている。まことに至福の読書体験といえよう。

洞窟の中で反響する自分の声を聴くように、あるいは鏡像に映る自分の顔を見るようにして人称の転轍《てんてつ》が発生する。これが『自省録』という稀有なテクストが惹起する読書効果の核心ではなかったろうか。本来それは他人に語るはずのものではなかった。その意味で皇帝の「日記」は啓蒙思想家J・J・ルソー(一七一二―七八)の『告白』のように、赤裸々な自我の醜態を晒して読者の共感をかち得るような、近代的な自我の在り方とはかなり様相を異にする。しかしなおかつ読者自身の内奥からの呼び声のようにも響く皇帝の「霊的な日記」は、近接する二本の弦が次第に共鳴するようにして、連綿と愛読者を獲得してきた。そしてその中には、驚くべきことに、いやむしろ当然のことながら、キリスト教徒、仏教徒、陽明学者も多数巻き込まれていったのである。

第七章 補論 皇帝のイコン

――目に見えるマルクス像

マルクス帝は『自省録』というただ一冊の書物によって思想史、文学史の上に不滅の名を残すことになった。のみならずローマ帝国の興隆と衰亡の境界にあって、政治史上も重要な位置を占めている。解放奴隷出身のエピクテトスと違って、皇帝としての彼の生涯については様々な事績が記録されているが、同時に彼は目に見える姿でも人々の前に現れている。ここではマルクスがどのように視覚的に表象されてきたかを簡単にふりかえってみよう。

(イ) 騎馬像

カピトリーノ(カンピドーリオ)広場に立つ騎馬像(口絵参照)が有名である。これは帝政時代に鋳造された皇帝の青銅製の騎馬像のうち現存する唯一の作品として、その風貌を伝えると共に、当時の鋳造技法を知る上で美術史的にも重要な意味をもっている。元来は全面に鍍金された像で、近衛騎兵隊の兵舎にあったが、一六六六年頃パルティア戦役の勝利を記念するために凱旋門の上に置かれたらしい。

皇帝は落ち着いた表情でやや右を向き、右手を前に突き出して沿道の群衆の歓呼に応えるかのようである。左手は手綱を握っていたのであろう。ただし甲冑をつけた軍装ではなく、半袖の短衣《トゥニカ》の上に軽く外套を羽織った姿で、むしろ普段着に近い服装である。短い皮靴を履き、鞍はつけずに敷物の上に跨がっている。馬は右の前足を軽く上げている。等身大よりかなり大きいのは、下から見上げた視覚的効果を計算したためであろう。貴人の品位、静謐《せいひつ》な威厳、そして微妙な運動感が調和した、人馬一体の名品である。

伝承によれば、二〇体を越える歴代ローマ皇帝の騎馬像はその多くが戦時の略奪と破壊（溶解）に遭い、わずかにこれだけが（なぜかコンスタンティヌス大帝像と誤解され）キリスト教の「偶像破壊運動」の嵐を免れて、一〇世紀以降はローマの南、ラテラノ教会前の広場に放置されていたという。フィリッポ・リッピの油彩画（一四八八年）がその記録をとどめている。ローマ市の再建計画に際してミケランジェロがこの像の価値を再発見し、その進言によって一五三八年、教皇パウロ三世の手で現在の地に移された。

この像は「帝王の騎馬像」の典型として愛好され、イタリア各地の君主や帝政ロシアのピョートル大帝像（ペテルブルグ）など欧州各国の彫刻作品にも影響を与えた。長年の風雪に晒され、錆と塵埃に塗《まみ》れて白濁した像は、一九九〇年に修復されて隣接する美術館の中に移転され、現在その跡地には精巧に複製した青銅のレプリカが立っている。同時期に米国フィラデルフィア市にもレプリカが寄贈された。

(ロ)円柱

ローマのコロンナ広場、現大統領官邸(Palazzo Chigi)の目の前に立つアウレリウス円柱は、ゲルマニア戦役の事績をレリーフに刻んだもので、ダキア戦役を刻んだトラヤヌス円柱と対比される。下から上に向かって螺旋状にせり上がる紙芝居か絵巻物のような一群の浮彫で、マルクスの没後(一九三年)に完成した。一〇〇を超える図版の中に一六九—一七五年にかけての戦役の様々な場面を描いているが、その内容の解釈をめぐっては今なお様々な論議を呼んでいる。いずれにせよ政治史的に重要な史料であることは間違いない。

(ハ)貨幣

皇帝の横顔が銘と共に貨幣に刻まれている。マルクス自身は一七歳当時の銀貨(一三九年発行)をはじめ生涯に五回ほど(一六、三七、四八、五六歳)、銀貨(sestertius)や大型貨幣(medallion)にその横顔を遺している。その他ファウスティナ皇后、ルキラやコンモドゥスなど息女も登場する。貨幣は鋳造技術や銀の含有率などから、当時の経済力の指標とされる史料でもある。

図 7――アウレリウス円柱(ローマ・コロンナ広場)の頂上部分．下から上に向かって螺旋状にせり上がる(詳細は本文23, 101 頁を参照)．120 ほどの戦闘場面が描かれている．

出典) A. Birley, *Marcus Aurelius: A Biography*, revised edition, Routledge, 1987.

図 8 ―― 第 15 番目の図．172 年クアディ族との戦闘の最中，敵の騎馬隊に包囲されて炎暑に苦しむローマ軍は，突然の雷雨によって陣形を立て直すことができた．画面上方，両腕を広げた雨の神の下に，ローマの歩兵と敵の馬が描かれている．

図 9 ―― 第 25 番目の図．右側には，両手を縛られた蛮族の酋長たちが連行されてくる．中央右向きのマルクス帝は甲冑姿で槍を持つ．後に従うのは副官ペルティナクスか．画面上方には陣営の中で，武器や樽を積んだ荷車が兵士によって曳かれていく．

出典）A. Birley, *Marcus Aurelius : A Biography*, revised edition, Routledge, 1987.

図 10── セステルティウス銀貨，139 年発行，マルクス 17 歳.（AVRELIVS CAES AVG PII F COS DES S C）

図 11── セステルティウス銀貨，147 年発行，マルクス 26 歳.（AVRELIVS CAESAR AVG PII F　裏面彫像なし　TR POT COS II）

図 12── 大型銀貨，159 年発行，マルクス 37 歳.（AVRELIVS CAES ANTON AVG PII F 裏面彫像なし　TR POT XIII COS II）

図 13── 大型銀貨，170 年発行，マルクス 48 歳.
（M ANTONINVS AVG TR P XXIIII
裏面　PROFECTIO AVG COS III）
裏面には騎乗する皇帝．左側にもう一人の騎兵，右手に盾と旗を持つ歩兵，その他の兵士を従えている．

図 14── 大型銀貨，178 年発行，マルクス 56 歳，コンモドゥス 16 歳(右)が向かい合う．
（M AVREL ANTONINVS AVG L AVREL COMMODVS AVG　裏面彫像なし
PONT MAX TR POT XXXII COS III
槍と杯を持った軍神マルス）

出典）A. Birley, *Marcus Aurelius: A Biography*, revised edition, Routledge, 1987.

(ニ)小像

粘土や木製で彩色を施した胸像。ローマの守護神の像と共に、神格化された皇帝の像が各家庭に置かれる風習があった。特にマルクス帝の像は大衆に人気があったという(『哲学者マルクス・アウレリウスの生涯』一八)。いずれも安価なもので、市場や商店で簡単に購入できたと思われる。

(ホ)映画の中のマルクス帝

以上のような同時代のイコンと共に、またそれにもとづいて、哲人皇帝の姿は現代でも反復再現されている。比較的最近の映画から三作ほど紹介する。

『ローマ帝国の滅亡』(アンソニー・マン監督、一九六四年、一八〇分)

ギボンの大著を連想させる「歴史超大作」。清廉潔白な勇将リヴィウス(スティーヴン・ボイド)に譲位しようとするマルクス帝(アレック・ギネス)の遺志に反して帝位を簒奪《さんだつ》したコンモドゥス(クリストファー・プラマー)の嫉妬と暴政が、やがて帝国を破滅に導いたという「明快な史観」に立つ。また暗愚なコンモドゥスがファウスティナ皇后の不倫の結果であり、皇帝はリヴィウスへの譲位を嫌った側近たちに暗殺された(毒殺の方法は『哲学者マルクス・アウレリウスの生涯』一五から借用した手口)という筋で、善玉悪玉を明快に描き分ける。

巨大なセット、八〇〇〇人を超えるエキストラによる大迫力の戦闘場面、美男美女の純愛ロマンスという、往年のハリウッド映画の文法を踏襲した巨編だが、今日ではいささか滑稽にすら見える。とはいえ、病を抱え迫りくる死を自覚した皇帝の煩悶を描く場面は、なかなか情感に溢れている。政略結婚でアルメニア王に嫁がせる娘ルキラ(ソフィア・ローレン)に向かって「死は避けられない。誰でも結局は灰になる。憐れみと共感を学べ」と諭す父娘の対話。そして側近たちの暗殺計画の謀議の直後、雷雨の夜、自室で自らに語りかける自問自答の姿は、まさしく『自省録』の世界を映像化してみせた趣きがある。「奴隷とは何か、主人とは何か?」「読書と思索がなければもはや人間とはいえない」「自然は惜しげもなく蜜蜂に蜜を恵む」「ローマのため、それしか頭にない」「盲目の運命よ、さらば来たれ」といった短くも印象的な科白が交錯する。

特に机の上にあった紙片を丸めてファイルに入れ「作戦中に書き上げた。保管を頼む」と言ってルキラに手渡す場面は、『自省録』の成立史を考える上で、実に興味深い演出である。雷鳴とともに臨終を迎える場面も、史実はともあれ、映画ならではの劇的な表現。さすがは名優アレック・ギネスである。

『グラディエーター』(リドリー・スコット監督、二〇〇〇年、一七一分)

近年日本でも公開されて人気を博した大作。こちらもコンモドゥス(ホアキン・フェニックス)を冷酷非道な悪役に配する点では共通する。映画の冒頭で、白髪のマルクス帝(リチャード・ハリス)は咳きこみながら白馬に跨がり、昼なお暗い森の中で繰り広げられる蛮族との激闘の様子を悲しい面持ちで凝視する。小雪舞う初春の陣営は傷病兵に溢れる一方で、元老院議員たちは虚しく保身と政争に明け暮れる。深夜に陣営の天幕の中でひとり蠟燭の灯りのもとで一心に筆を執る老皇帝の憂愁はまことに深い。

死期を悟った皇帝は、勇猛で清廉な前線の指揮官マクシムス(ラッセル・クロウ)を見込んで、秘かに共和政復帰の理想を語り、実子をさしおいても譲位しようとする。それを知ったコンモドゥスは憎悪と絶望のあまり強引に父帝を抱擁して窒息させ、自然死を装って帝位を簒奪する。事情を知りながら面従腹背に徹する策略家の姉ルキラ(コニー・ニールセン)に対して、反抗を示したマクシムスはただちに逮捕され、いったんは逃亡したものの、故郷の妻子は虐殺される。後半は流浪と転変の末に剣闘士《グラディエーター》となったマクシムスが、剣闘士趣味のコンモドゥスを相手に復讐を果たすという、これまた分かりやすい活劇である。

深夜、コンモドゥスの暗愚を諭しながら、その責任はひとえに自分にあると呟く老皇帝。その姿はもはやストア派の賢者を体現した哲人皇帝にはほど遠く、親子の愛憎に引き裂かれた世間の凡庸な父親と変わらない。親に愛されない息子の葛藤、父親殺し、「カインとアベル」以来の兄弟の嫉妬、そして妻子を殺された男の復讐劇——こうした家族の問題を、帝国の政治よりも前面に押し出している点が、前作と較べて本作品の特徴といえよう。

『ノスタルジア』(アンドレイ・タルコフスキー監督、一九八三年、一二六分)

さきの両作品が娯楽性の高い歴史映画だったのに対して、こちらは取り立てて筋もない、しかし幾重にも寓意《アレゴリー》を重ねた前衛的な実験作品である。ここでマルクス・アウレリウスが登場するのは、再現映像としてではない。先に述べたカンピドーリオ広場の騎馬像としてなのである。

ローマを舞台にしたこの長編作品の最後、主人公の一人ドメニコ(エルランド・ヨセフソン、イタリア語の声は吹き替え)が、足場を伝ってその騎馬像の上によじ登り、演説を始める。ニットの帽子を被った老人が、皇帝の背中のあたりで馬の背に乗り、ビラを撒きながら、預言者のように大声で絶叫している。足元の広場と階段には人々がまばらにいて、それぞれの姿勢で見上げているが、はたして聴いているのかいないのかも定かではない。何とも言えない空虚な空間の感覚。「我々は狂っていない、正気だ」というイタリア語の垂れ幕が、かえって尋常ならざる空気を醸し出す。

「我々の時代の不幸は大いなる人間が存在しないことだ……世界は再び一体となるべきだ、ばらばらになりすぎた。自然を見れば分かる。生命は単純だ、原初に戻れ、生命の始まりに。水を汚すな、何という世界だ!」彼の演説は分かるようで分からない。

やがてドメニコが演説を終えたが、何も起こらない。下にいる外套を着た男に「音楽を!」と怒鳴ると、別の男が灯油缶を持ってやって来る。それを受け取るとドメニコは頭からガソリンをかぶって、ライターを取り出し、ひねってみるが何も起こらない。下で見ている狂人の一人がライターを点火する真似をする。ようやく何度目かに火がついてドメニコの身体は火炎に包まれる。火はマルクスの像の背中にも燃え移る。すると突然ベートーヴェンの第九交響曲「歓喜の歌」が大音量で鳴り出す。ドメニコは騎馬像から転落し、火だるまとなる。狂人がその様子を真似て痙攣してみせる。カンピドーリオ広場を俯瞰《ふかん》する光景。やがて救急車両が到着し、階段を駆け登るたくさんの人だかり。友人エウジェニアも車で駆けつける。しかしほとんどの「聴衆」は表情も変えずに立ち尽くしている。

全編淡々とした展開の中で、この焼身自殺を遂げる場面だけは、唯一激しい動きを伴った衝撃的な映像である。水や火といった原初的物質を描いては独特の感受性を示すタルコフスキーの本領発揮ともいえよう。狂気と正気のはざまにあって、世界の終末と再生という壮大なイメージが紡がれてゆく。その中でマルクスの騎馬像は、もはや何ものかの寓意に還元しえぬ慄然たる存在感を示してやまない。何とも不思議な映像である。

第II部

作品世界を読む

自己対話のテクスト空間

第一章　『自省録』のスタイルとその思想

第I部はいささか長い前置きになった。以上の予備知識を念頭において、いよいよ作品の世界へ踏み入ってみよう。初学者は岩波文庫（神谷美恵子訳、改版）か講談社学術文庫（鈴木照雄訳）を携えて、また少し読みにくいが厳密な逐語訳によって研究してみたい人は西洋古典叢書（水地宗明訳）を持って、さらに多少ともギリシア語が読める人は取りあえずロウブ古典叢書と対照しながら、読むことをお勧めする。

『自省録』をどう読むか？

『自省録』をどのように読んだらよいか？　という質問は、実は易しいようで難しい。唯一の正解があるわけではないが、古典にふれる際の鉄則を示すなら「少しずつ丁寧に、時間をかけて繰返しじっくり読め」と答えておこう。現行本文の章分けは、必ずしも著者自身の執筆時の「単元」を意味するわけではないが、さしあたりはこの章分けに従って、ひとつずつ区切って読んでいくのである。第一巻はつまらなければ省略、また後で戻って来ることにして、第二巻から読み始めるのがよい。最初は、意味が摑めない章やよく分からない章は飛ばしてよい。そのうち誰しも、心に残る言葉、印象的な比喩、奇妙な逆説、そして自分に対する慰め・励まし・叱正になるような断章にいくつか遭遇するに違いない。そうしたら慌てて先を急がず、立ち止まって暫時その言葉を反芻してみよう。次に、彼は何を言いたいのか、その真意を推測する。なぜこうした奇妙な主張ができるのか、その論拠を考えてみる。すると読み進むにつれて、以前に読んだのと同じような言葉が反復して登場してくるのに気づくだろう。『自省録』は哲学書の範疇に属する(岩波文庫なら青帯)が、難解な術語で埋め尽くされたドイツ哲学のような抽象概念の絶壁ではなく、さほどの予備知識がなくても親しむことのできる小高い丘陵である。

毎日欠かさず読むとして、一巻あたり一週間くらいのペースでどうだろうか。中途で挫折しなければ三か月で全巻読了できる。全体を一読したら、あとは気の向くままに拾い読みするか、関心をもった主題に応じて精読すればよい。また同好の士を募って皆で読むのも面白い。お互いに自分の意見や印象を交換すると、疑問が氷解したり、逆に予想しなかった新たな疑問が湧いたり、思わぬ発見があって楽しいものである。単なる楽しみを超えて、もう少し本格的に「研究」してみたいという気になったら、そのときこそ本書(および参考文献)を手引きとしていただければ幸いである。

以下、『自省録』全体のなかに破片のように散らばっている断章を、関連する主題ごとにまとめて、ストア哲学の基本線と照らし合わせながら、マルクスの思想を実際のテクストに即して浮かび上がらせてみよう。むろんこれは、一つの補助線を引いてみる提案であって、他にもまとめ方はいくらでも可能だと思う。

自然と理性

さて第二巻から読んでみよう。するとその劈頭《へきとう》(第一章)から、読者はいきなり『自省録』の世界の中枢へと入り込むことになる。「明け方から自分にこういいきかせておくがよい。」たしかに『自省録』という書物は、煩わしい人間関係に悩む毎日を生き抜く処世術でもある。だが凡百のハウツー本と異なるのは、それが中途半端な経験の集積ではなく、「叡智と一片の神性を共有する同胞として、相互に協力するのが自然本来の人間のあり方である」とする透徹した世界観と、そこから結果として導かれる「誰ひとり私を損ないうる者はいない」という崇高な逆説とに支えられているからである。

ここで論拠に挙げられているのは、両手・両足、上下の歯列や眼瞼といった身体器官の例である。人間の身体を考えてみよう。手が足と違う(つまり二足歩行する人類が他の哺乳類から区別される最大の特徴)のは、解剖学的に見れば、親指が他の四本の指と向かい合って、握ったり摑んだりできるからであり、道具の使用はこうした手の構造の延長線上にある。また眼は魚類ならば体の両側にあって広角の視野をもつが、人間の場合、顔の前面に並ぶことで、視野の広がりを犠牲にしても両眼視による距離の知覚を獲得することになった。つまり高次の自然にあっては各部分相互の協力と一致はより緊密になるのである。この世界全体は合理的な秩序に貫かれている。不断の生成消滅という変化の相にありながら、それは全くの偶然ではなく、一定の秩序が反復・再生される――これこそ自然(physis)概念の核心である。人間にせよ動物にせよ自然界の個々の存在(ミクロ・コスモス)は、全宇宙(マクロ・コスモス)といわば同心円の関係に置かれている。だから個々の小円同士は究極の大円との相似関係を通じて、また相互に調和的関係にある。「全体」を構成する「部分」は、あたかも精密機械を構成する部品のように相互に密接に関係し、そこに無駄なもの、衝突するものはひとつもない。

現代の生態学(エコロジー)にも通じ、一九世紀のロマン主義者が傾倒したような、有機体としての自然概念――これこそストア派の自然理解の根底にある理念なのである。しかも宇宙の秩序を示す法則(ロゴス)は神とも呼ばれる汎神論的性格をもつが、人間にあってはそれを認識する理性《ロゴス》としても顕現する。だから人間は人種や言語の相違を超え、理性を共有することによって、本来の意味で同胞(syngenes)なのである。こうした世界観を土壌に、個々の文化拘束的な実定法に対する「自然法」の理念も生まれてきた。ただしこれは同じ自然概念でも、ホッブズ(一五八八―一六七九)のような「万人に対する闘争状態」(『リヴァイアサン』第一部第一三章)とは対極にある。またパウロが「キリストの肢体」として教会論を展開する神学の構想(『コリントの信徒への手紙第一』一二・一二七)も、実はこうした有機体としての自然理解にその一方の基軸を置いていたのである。

開祖ゼノン以来「自然と一致して生きる」境地を理想とするストア派にとって、大―宇宙(自然)と小―宇宙（人間）は、また小―宇宙同士は、本来整合的な関係にある。すると人間同士の敵対や抗争は、つまるところ、こうした宇宙における人間の位置を知らず、善悪に関する根本的な認識を欠いているからなのだ。

宇宙が何であるかを知らぬ者は、自分がどこにいるかを知らない。宇宙が何のために存在しているかを知らぬ者は、自分が何であるかを知らず、宇宙が何であるかも知らない。（八・五二）

自分自身の自然と宇宙の自然とに従うがよい。この二つのものの道は一つなのだから。（五・三）

宇宙よ、すべて汝に調和するものは、私にも調和する。（四・二三）

かくして、いかに卑小なる自己といえども蔑視せず、逆に自己を完結した一個の全体と見誤って利己主義的に汲々とすることもなく、自他一切を大宇宙に内在するその一部分と見なす透徹した感受性こそが『自省録』に流れる自然学的通奏低音なのである。

とはいえ人間にとっての自然とは、あくまで宇宙全体の合理性と同心円の関係にある理性《ロゴス》にほかならない。この点で同じ「人間本性」(human nature)という概念を用いながら、その含意として、欲求や情動などの非理性的側面を強調したD・ヒューム（一七一一―七六）など英国経験論の用語法とは対極をなす。

叡智と理性はあらゆる障碍物《しょうがいぶつ》を通ってその天性と意志のままに前進することができる。火が上へ、石が下へ、円筒が坂の下へと移動するがごとく、理性があらゆるものを通って動いていく有様を眼前に思い浮かべ、それ以上何も求めるな。（一〇・三三）

合理性の果ての運命

第二巻の冒頭から、読者はいきなりストア派特有の澄明《ちょうめい》な自然理解と、その帰結としての主知主義的な逆説にふれることになった。だがこうした自然の合理性に対する信頼は、一見自明のようであっても、能天気な自然讃美のままではすまない。

マルクスは「自然の出来事の随伴現象(epiginomena)も優雅で魅力ある」点を強調する(三・二)。穀物の穂が枝垂《しだ》れている有様、獅子の額の皮、野猪の口から流れる泡――いずれも個々別々に見ればとうてい美しいとは言えない。だが宇宙の中に生起する事象に対する感受性と深い洞察力を持つ人には、美しく描かれた作品を見るに劣らぬ喜びをもたらすのだ。パンの焼ける割れ目、口を開いた無花果《いちじく》、老年の男女の成熟ぶり――これらは万人の心を惹くものではなく、ただ真に自然とその業《わざ》とに親しんだ者の心にのみ訴える。ある高名な植物学者は「雑草という名の植物はない」と言う。ヘラクレイトスは竈《かまど》の縁に蟄居《ちっきょ》して「見よ、ここにも神がいる」と叫んだと伝えられる(アリストテレス『動物部分論』第一巻五章)。その意味で自然とは、絵葉書の風景のように誰しもが共有できる美しさである以上に、感受性の洗練と知性の洞察によってたえず新たに発見されるべく隠れている秩序の美にほかならない。

だが合理性への信頼を貫徹すれば、「すべての出来事は正しく起こる」(四・一〇)と考えざるをえないし、「自然によることに悪いことは一つもない」(二・一七)と見なさねばならぬ。病気や死を含め、おのれの人生にふりかかる悲惨や悪は、たとえそれがいかに「不都合な事実」であっても、私という特定の視点を離れて宇宙全体の文脈に置き直されることで、何らかの積極的な意味を汲み取れるはずである。だから理性とは、単なる打算や目的合理性には尽きない。むしろ自己の内在的視点を脱して「永遠の相の下に世界を眺める」鳥瞰的な視点を与え、それと同時に摂理(pronoia)を信じて積極的な生き方を切り開く契機となる原理である。とはいえストア派の賢者とは、どうやら常識の延長線上にはいないようである。「狂人とは理性を失った者ではない。理性以外のものをすべて失った者である」(G・K・チェスタトン『正統とは何か』安西徹雄訳、春秋社)。

エピクテトスも「将来に起こる出来事はすべて善悪無記であり、それがどのようなものであろうと自分に対して立派に用いることができるし、何人もそれを妨げるものではない」と述べていた(『提要』三二)。マルクスにとっても同様に「すべての出来事は、初めから「全体」の中で君に定められた運命の中に織り込まれたことなのだ」(四・二六)。

かつて初期ストア派の体系家クリュシッポスは「馬車にくくりつけられている犬」を例にとって運

命を説明した。「犬が馬車についていこうと欲すれば、犬は引かれると同時について行くから必然(ananke)と自由(to autexousion)は両立する。だがついていこうと欲しなくとも、否応なしに定められたところへ強制されるだろう」(ヒッポリュトス『全異端派論駁』一・二一、SVF 2. 975)。マルクスもこれを受けて「理性的動物だけが、自ら進んで出来事に従うことを許されている」(一〇・二八)と述べている。運命愛(amor fati)の思想の萌芽である。

悪と摂理

物体があれば必ずそれに伴って陰も生まれる。かくして目前の悪を、宇宙全体の文脈の中で高次の善や利益のいわば陰影として理解する方途は、やがては運命愛へと結晶する。それは「ストア派の逆説」を生き抜く智慧であり、摂理をめぐる後代のキリスト教弁神論の祖型でもあった。たしかにマルクスはローマの多神教的世界に生きていたが、神が人間に与えた慈愛(八・三四)とは、決して大衆的な現世利益ではなく、むしろ悲惨な現実すらも肯定的に見透すための知的拠点なのである。

神々と共に生きること。それは自己の分に満足している魂を示し、ダイモンの意のままにあらゆることを行う者である。ダイモンとはゼウス自身の一部であって、各自に監督・指導者として与えた叡智《ヌース》と理性《ロゴス》にほかならない。
(五・二七)

宇宙の自然の善しとすることの遂行と完成とを、あたかも自己の健康を見るような眼で見よ。だからいささか不快に思われることでも、起こってくることは何でも歓迎せよ。それによって宇宙の健康とゼウスの繁栄と幸福に寄与するのだから。（五・八）

全然祈らないか、それとも単純に率直に祈るか、いずれかを採るべきである。（五・七）

哲学と内省

ストア派の哲学体系は、論理学《ロギカ》（記号論）・自然学《ピュシカ》・倫理学《エチカ》の三部門から成る学問観を特徴とする。論理学がローマ時代にあってもなお学校での学習課程の中核をなしていたことは、エピクテトスの『語録』からも窺われるところであるが、マルクスが論理学について『自省録』の中で積極的に語る機会は少ない。いずれにせよ合理的自然理解に即した実践の指針を与える「生の技法」（七・六一）が哲学の課題であるとする点で、彼もまた学派の伝統を継承する。

現存するものを見た者は、なべて永遠の昔から存在したもの、永遠に存在するであろうものを見たのである。（六・三七）

哲学は君の（内なる）自然の欲するものだけを欲することだ。（五・九）

哲学するには、現在あるがままの君の生活状態ほど適しているものはない。（一一・七）

マルクスのストア的合理主義は、エピクテトス以上に内省の強調と結びつく点に特徴がある。そしてこの点が、何よりも後代のキリスト教や新プラトン主義との連続面とも言えるだろう。それはまた真理認識であると同時に、ヘレニズム哲学に顕著な「倫理的勧告」という形をとる。

君を操っている者は、君の内に隠れていることを記憶せよ。それが言葉であり生命であり、いわば人間そのものなのである。だがこれらの容器や付着している器官などはこれと一緒に考えてはいけない。（一〇・三八）

自分の内を見よ。内にこそ善の泉があり、この泉は君がたえず掘り下げさえすれば、たえず湧き出るだろう。（七・五九）

現在の時を、自分への贈物として与えるように心がけるがよい。（八・四四）

最も高貴な人生を生きるに必要な力は魂の中に備わっている。ただしそれはどうでもいい事柄にた

いして無関心であることを条件とする。（一一・一六）

徳と幸福

「徳は知なり」を標榜するストア派の主知主義は、すでに本書第I部のエピクテトスの『提要』で見たように、本来の善／悪を、自己の裁量の圏内(epi hemin)にある徳／悪徳に対応させることで極端なまでに絞り込み、他方で世俗の価値の大部分を「善悪無記」(adiaphora)のうちに落とし込んで相対化してしまう戦略である。こうして一般の人々が日頃追求してやまない、友人、家族、容姿、財産、名声、官職、はては健康や生命までもがその価値を剝奪され、したがってまた欲求を向けるべき対象から外されることになるのである。

悪人にも善人にも同じように起こりうることを、悪とも善とも判断するな。（四・三九）

美徳と悪徳の中間にあるすべてのものにたいする無関心をもって自己を輝かせよ。（七・三一）

こうした逆説は、パナイティオス(前一八五頃–前一〇九)らの中期ストア主義以降いくつかの修正を必要としたが、いずれにせよ、この操作によって通常の価値観は転倒する。

真理によって損害を受けた人間のあったためしはない。これに反して自己の誤謬と無知の中に留まる者こそ損害を蒙る。

（六・二一）

開祖ゼノン以来、ストア派が理想とした「幸福な生」は、さらさらと淀みなく流れゆく川の流れ(euroein, 5. 34)に喩えられた。だがそれを保証する原理は「知識による救済」を標榜する主知主義の色彩が濃厚である。

全体の中には全体自身のためにならないものは一つもない。……自分がかかる全体の一部であることを記憶している限り、私はあらゆる出来事にたいして満足しているであろう。……かようにすれば人生は幸福に流れゆく。

（一〇・六）

人生における救いとは、一つ一つのものを徹底的に見きわめ、それ自体が何であるか、その素材は何か、その原因は何かを検討するにある。心底から正しいことを為し、真実を語るにある。

（一二・二九）

理性的市民的動物の悪と善は、受身の状態ではなく行動の中に存する。

（九・一六）

人間各自の価値は、その人が熱心に追い求める対象の価値に等しい。（七・三）

行為と情念の陶冶

怒りや悲しみなどの情念をいかに陶冶するか、は初期以来ストア倫理学の重要な論題であり、セネカの著作や書簡のうちにその優れた先蹤《せんしょう》を見ることができる。エピクテトスによれば「人々を不安にするのは事実ではなく、それについての考えである。死は何ら恐ろしいものではない。むしろ死は恐ろしいという死についての考え、それが恐ろしいものなのだ」（『提要』五）。だから対人関係においても「自分は損害を受けたという意見を取り除け。そうすればそういう感じも取り除かれてしまう」（四・七）のであり「怒るのは男らしいことではない。柔和で礼節あることこそ一層人間らしく男らしい。不動心（apatheia）に近づくほど人は力に近づく。悲しみと同様に怒りもまた弱さである。どちらも傷つくこと、降参することなのである」（一一・一八）という。

ストア派にとって感情論は倫理学の要諦にあたる。プラトンは魂のうちにそれぞれ固有の機能を持った独立の部分を認めた。理知的部分（logistikon）、欲求的部分（epithymetikon）、気概的部分（thymoeides）の三部分がそれであり、互いに綱引きするようなイメージで、合理的な判断に対抗する力学的緊張関係にあるものとして、怒りや悲しみという感情を位置づけた（『国家』四四〇E、『パイドロス』二四六A）。これに対してストア派は「魂の部分」という発想を認めない。悲しみや怒りは、そもそも初めから何らかの(しかも正しからぬ)認知的な要素を含んだ事態なのである。すなわち感情は「過剰で理性の命令に従わない衝動、ないし自然に反した魂の非理性的な運動」であり(ストバイオス『抜粋集』二・七―一〇、SVF 1-205)、魂の主導的部分(心臓周辺に定位され、感覚や判断が生じる部分)に帰属するが、その過度の運動が、理性の判断を曇らせてしまう。ゼノンは感情を、驚いた時の鳥の猛然たる羽ばたきに喩えた(同書二・七―一、SVF 1-206)。このように唯物論をとるストア派の場合、感情は単なる心的な事象ではなく、一定の物理的運動に対応している。つまり善と悪に対して魂が何らかの判断(krisis, hypolepsis)を下し、それに随伴して膨張収縮・圧縮拡散が生じることで運動が惹起され、四種類の類的情念が生じてくるのである(アスパシオス『アリストテレス『ニコマコス倫理学』註解』四五、SVF 3-386b)。

現にある善へと動かされる場合には「快楽」が、悪へと動かされる場合は「苦痛」が生じる。また現前せずに未来に予期される悪に向かって動かされる場合には「恐怖」が、予期される善に向かう場合には「欲望」が、それぞれ生じてくる。この四種を類概念として、さらに下位区分が設けられる。すなわち「欲望」のもとには、怒り、過剰な性欲、思慕、また名誉・快楽・富への執着が、「快楽」のもとには、自己満足、欺瞞が、「恐怖」のもとには、苦悶、狼狽、驚愕、迷信などが、「苦痛」のもとには、嫉妬、悲嘆、苛立ち、苦悩、悪意などの諸感情がそれぞれ分類されることになる。ここで苦痛と並んで快楽もまた悪しき情念に分類されていることに注意しよう。ストア派にとって快楽は決して善ではなく、むしろ理性の判断を曇らせる要因なのである。

賢者(sophos)はこうした感情に溺れることがないから不動心(apatheia)を維持する。この語は、ストア派のいわば商標《トレードマーク》であるが、後にはアレクサンドリアのクレメンス(一五〇頃―二一六頃)を通じて、ニュッサのグレゴリオス(三三一頃―三九六)などギリシア教父にも継承される神学概念となった。ただしそれは一般に誤解されているように、冷酷で無慈悲な者であるとか、鉄面皮の冷血漢であることを意味しない。賢者も身体的な苦痛を感じることは事実であるが、それが精神にまで侵入して判断を狂わすことはない点が常人とは異なる。つまり理性によって外的な影響を制御し、歪んだ判断に加担しない自由な境地を指しているのである。そこで賢者が抱く望ましい感情も三種類、つまり「悦び」「慎重」「意欲」があることになる(苦痛に対応するよき感情は存在しない)。「悦び」は魂の理性的な高揚であるから、快楽とは区別される。「慎重」はこれまた魂の合理的な回避であるから、恐怖とは異なる。賢者は恐怖心を抱かなくとも細心の注意は払うだろう。同様に「意欲」は理にかなった欲求である点で、欲望とは異なる。さらにこれら望ましい感情にも、幾つかの下位分類が想定される。「意欲」のもとには、好意、友好、敬愛などが、「慎重」のもとには、羞恥心、畏敬などが、「悦び」のもとには、快活、快適などがそれぞれ属すのである(ディオゲネス・ラエルティオス『ギリシア哲学者列伝』第七巻一一六節)。

かくしてクリュシッポスは実に七〇種類もの感情を分類してみせたと伝えられている。近世のデカルトやスピノザの情念論は、いずれも数種類の基本感情を抽出し、これら単純な要素の複合として人間の多様な心理を説明しようとする点で、クリュシッポスらストア派の戦略と軌を一にする。それはユークリッド『原論』のように、多様な平面図形を円と直線という単純な要素からの複合によって作図・証明しようとする意味で「精神の幾何学」とでも呼べる体系なのである。

重要なのは、ストア派にあっては、感情は徹底的に人間的な所産であって、ギリシア悲劇に見られるように、神々や鬼神《ダイモン》が憑依したものではない。つまり超自然的な(それゆえまた神聖でもある)現象ではなく、あくまで理性から逸脱した判断の誤りや誤謬から生じる。感情に駆られた人間とは善悪の判断が未熟な幼児と変わりなく、いわば知の病であって、それゆえに理性による治療や陶冶の対象となるのである。その意味で、感情の詳細な分類は、過度の感情におぼれて前後不覚に陥っている者に対して、自分の抱いている感情がどんなものであるか冷静に反省する機会を提供してくれるだろう。現代の精神療法にも通じるような、自己の感情を正確に観察することは、ストア派の倫理学にとっても極めて重要な意味を持っていたのである。

内なる精神の城塞

さて、このように過剰な情念から脱却した精神的境地をマルクスは堅固な城塞に擬している。

おぼえておくこと。我々の指導理性が難攻不落になるのはどういうときか。自分自身に集中し、自己の欲せぬことはおこなわずに満足している場合である。……それゆえさまざまな激情から解放された精神(eleuthera pathon dianoia)は一つの城塞(akropolis)である。ひとたびそこへ避難すれば、以後絶対に犯されることのない場所で、これ以上安全堅固な場所はない。だからこれを発見しない者は愚か(amathes)であり、発見しておきながらそこへ避難しない者は不幸(atyches)である。

(八・四八)

不必要な欲望、消費的な欲望が青年の魂の城塞を占拠する。学問や立派な仕事や真実の言論《ロゴス》がそこにいなくて、城塞が空になっているのを察知するからだ。これらの者こそは、神に愛される人々の心の内を守る、最もすぐれた監視者であり守護者であるのに。

(プラトン『国家』五六〇B、藤沢令夫訳を一部改変)

先ほど、プラトンとストア派では感情の位置づけをめぐる心身観が異なることを指摘した。だが魂を城塞に譬え、学識やロゴスなど理性的な要素がそこを守備するという隠喩は、プラトンとマルクスで奇しくも一致する。そしてこうした情念から浄化された精神を城塞に譬える伝統は、古代末期から中世以降キリスト教の思想圏で微妙に変容しつつ継承されていくことになった。特に神秘主義や修道院神学の中では「城塞《アクロポリス》」はもはや理性の拠点であるよりも「精神の最も内なる秘所において超越的な神と出会う」という文脈に読み替えられ、クレルヴォーのベルナルドゥス(一〇九〇—一一五三)を経てエックハルト(『ドイツ語説教集』二)、一六世紀スペインの神秘家(フランシスコ・デ・オスナ、ラレードのベルナルディーノ)、また特にアヴィラの聖テレサ(『霊魂の城』鈴木宣明監修、高橋テレサ訳、聖母文庫、一九九二年）などのうちにその豊穣な隠喩的世界を造形していった（「魂の城」の項目『神秘主義事典』植田兼義訳、教文館、二〇〇〇年参照）。それはやや世俗化されて「戦争は人の心の中に生ずるものだから、人の心の中にこそ、平和の砦を築かなければならない」というユネスコ憲章の文言にも遠く残響を届かせているのである。

寛容と忍耐

マルクスは決して誠実な紳士や賢者ばかりに囲まれた環境に住んでいたわけではない。むしろ「互いに相手を軽蔑していながらお追従《べっか》を言い合い、相手を出し抜こうとしながら腰を低くして譲り合う」（一一・一四）偽善と猜疑が充満するのが、古今東西変わらぬ宮廷の実態であった（二・一）。だから歴代の史家によって評価の高いマルクス帝の「寛容と忍耐」とは、生来の美徳というよりは、ある特異な世界観によって意識的に生み出された態度とすべきだろう。「理性的動物は相互のために生まれた。人は心ならずも罪を犯してしまう。だから互いに忍耐しあうのは正義の一部である」（四・三）というのがその原理である。先にもふれた断章「われわれは両手、両足、眼瞼、歯列と同じく、互いに協力すべく生まれついたのだ。お互いに腹を立てたり毛嫌いするのは自然に反することである」（二・一）はさらに敷衍すれば「罪を犯す者は自分自身に対して罪を犯すのである」（九・四）ということになる。ここには「万人の万人に対する闘争」を自然状態と見るのとは対極的に、理性を共有することで調和に至ろうとする社会観が窺われる。

賞讃と名誉心

『自省録』にはいかにも哲人皇帝らしく、過剰な名誉心を戒める警句も少なくない。

美しいものはすべてそれ自体で美しく、賞讃を自己の一部とは考えないものだ。人間は褒められても、それによって悪くも善くもならない。　（四・二〇）

神々が望むのはお世辞ではなく、あらゆる理性的動物が自分たちに似ることだ。　（一〇・八）

誠実で善良な人間とは、強い芳香を放つ者。誰でも彼の側にいる者は彼に近づくと同時に否応なしにそれに気づくようでなくてはならない。　（一一・一五）

これなども、歴史を超えて通用する教訓に数えられよう。実際マルクスは元老院の意向や世論の動向にも敏感であったたし、またそれが後代の史家によって評価される一つの要因である。だが皇帝の地位とは、面前では卑屈な阿諛追従《あゆついしょう》を飽きるほど聞かされ、また陰では為政者に対する不平が充満する、虚しい賞讃と無責任な非難とが交錯する、やり切れない立場ではなかったろうか。

他人に善事を施した場合、ともすればその恩を返してもらうつもりになりやすい。別の人はそうは考えないが、それでも心秘かに相手を負債者のように考え、自分のしたことを覚えている。だが第三の人は自分のしたことを意識していない。葡萄の房をつけた葡萄の樹のように、ひとたび実を結べば、それ以上何ら求めるものはない。（五・六）

これなども鋭い人間観察で、誰しも思い当たる節があろう。キリスト教徒であれば「施しをする時は、右手のすることを左手に知らせるな」（『マタイによる福音書』六・三）というイエスの逆説的な教えを容易に連想するだろう。では反対に、不正や忘恩の徒に対していかに処するか。

もっともよい復讐の方法は、自分までも同じような行為をしないことだ。（六・六）

君にとって悪いこと、害になることは君の精神においてのみ存するのだ。君が他人の不忠と忘恩を責めるとき、何よりもまず自分をかえりみるがよい。（九・四二）

報復の禁止という点では獄中のソクラテス（プラトン『クリトン』四九Ｂ）や山上の垂訓（『マタイによる福音書』五・三九）を連想するが、こうした断章が後世キリスト教徒の読者に親近感を覚えさせたマルクスの宗教性の一面である。

生々流転と死

先に見たように、死もまた自然の出来事である以上、宇宙的視点からみれば決して悪ではない。『自省録』には死の話題が極めて多い。そのいささか陰鬱な調子に違和感を覚える読者もあれば、逆に武士道に通じる無常観と諦念に親近感を見出す場合もあろう。自他の死を冷静に見据える眼差しは、モラリストの面目躍如たる主題である。

絶えることなき時の流れが永遠の年月を常に新たに保つごとく、流転と変化がこの世界をたえず更新する。　（六・一五）

死は誕生と同様に自然の神秘である。　（四・五）

エピクテトスは「死や追放やすべて恐ろしく思われるものを毎日眼前に思い浮かべるがよい」(『提要』二一)と言って、死を直視する日常的訓練(memento mori)を強調した。マルクスもこうしたエピクテトスの影響を強く受けている。

あらゆるものはいわば死ぬために生まれるのだということを考えよ。　（一〇・一八）

死を軽蔑するな。これも自然の欲するものの一つであるから歓迎せよ。（九・三）

君は現在生きている生涯以外の何ものも失うことはない。（二・一四）

先にも述べたように、生死はそれ自体では宇宙のうちに生起する出来事の一つに過ぎず、価値とは独立なのである。ここから自殺（尊厳死）の正当化にも途が開けてくる。

君がこうした（誠実で善良な）人間にならないなら、理性もまた君に生きよとは要求しないのである。（一〇・三二）

自殺容認論

ストア派は合理的な自殺を肯定したことで知られ、この点でプラトン主義からキリスト教（代表はアウグスティヌス『神の国』一・一七—二七、トマス・アクィナス『神学大全』第二—二部第六四問第五項）にいたる自殺禁止論に対して、ヒューム、ニーチェなどと共に西洋哲学史上の反主流派に位置づけられる。

ストア派の開祖ゼノンは七二歳（別伝では九八歳）で死ぬまで、病気とは無縁の健康で幸福な生活を送った。ある時学園から出た路上で転倒し、足指を骨折した。そこで彼は大地を拳で叩いて「今行くところだ、どうして私をそう呼びたてるのか」(ティモテオス作の悲劇『ニオベ』の一節)と叫び、自分で息の根を止めて死んだという(ディオゲネス・ラエルティオス『ギリシア哲学者列伝』第七巻二八節)。彼の後継者、第二代学頭クレアンテスは、歯茎が炎症を起こしたために医者の忠告で絶食した。二日後に回復したが「自分はすでに人生の道のりをあまりにも遠くまで歩みすぎてしまった」と言って、その後も絶食を続け、一説によれば師ゼノンと同年で死んだという(同書、第七巻一七六節)。セネカはかつての教え子だった皇帝ネロの不興を買い、自決を命じられた。その様子は小刀で血管を切り開き(プラトン『パイドン』のソクラテスに倣って)毒人参を飲んで熱湯の浴槽に入るという壮絶な最期であった(タキトゥス『年代記』一五・六二―四)。

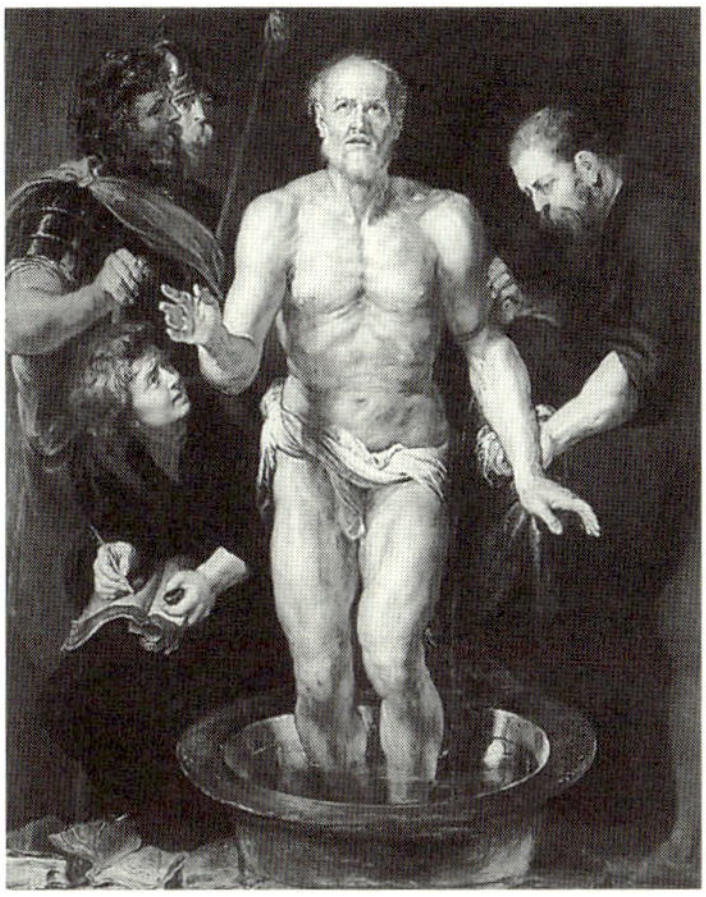

図15――ペーテル・パウル・ルーベンス「セネカの死」，1614年頃，ミュンヘン，Arte Pinakothek 蔵.

このようにストア派を代表する人物で、自殺を遂げた者は少なくない。伝記の史実性はともあれ、これらが理念化された賢者の姿であったことは疑いない。

賢者は理性にかなった仕方によってなら、祖国のためにも友人のためにも自らの生命を断つであろうし、また極度の苦痛に襲われるとか手足を切断されるとか、不治の病を患った場合でもそうするだろう。

（ディオゲネス・ラエルティオス『ギリシア哲学者列伝』第七巻一三〇節）

徳はただそれだけでは、われわれが生きていくのに何の力にもならない。これと対応して、悪もまた、われわれがこの生を立ち去るべき点に関しては何の影響もない……それゆえ時として、幸福な人が自らをこの生から連れ去るのがふさわしい。

（プルタルコス『ストア派の自己矛盾について』一〇三九E、一九四二D）

賢者にとっては、たとえ自分が幸福であるとしても、時宜を得るならば、世を立ち去ることが相応しい場合もある。

（キケロ『善悪の究極について』三・六一）

自殺容認論の典拠とされるこうした引用から明らかなように、この場合の自殺は本人の衝動や独断に任されて無条件に推奨されるわけではない。「自然に即して生きる」ストア派の理念が阻害された場合に、時宜を得て(opportune)、賢者(sophos, sapiens)によってなされるべき極めて合理的な(eulogos)行為であった。ただしここでの「賢者」とは悪名高い問題の概念であり、誰が実際に賢者であるのかは容易に見極めがたいのだ。それは「不死鳥のように五百年に一度しか誕生しない」(セネカ『書簡』四二・一)とも「クリュシッポスは、自分はおろか、知人とか師匠のいずれをも「善き者」

と表現することはなかった」(プルタルコス『ストア派の自己矛盾について』一〇四八E)とも言われるように、一種の理念的な指標に過ぎなかった。

キリスト教徒の読者には特にこうした自殺容認論を嫌悪する傾向が強い。先にも紹介したようにパスカルや三谷隆正は自殺が帰結する点にストア派の根本的な誤謬を読み取っているが、そう考える宗教者は他にも少なくない。だがいずれにせよストア派の自殺容認論は、単なる利己的な衝動の肯定でも、厭世的な感情でもなく、ましてや宗教改革運動でもなく、特異な自然観と人間理解の構想から帰結する冷静な選択肢だったのである。その意味で今日の「尊厳死」の先駆であったともいえよう。

折衷的表現と『自省録』の魅力

こうして『自省録』の表層を概観しただけでも、いくつかの主題をめぐって、合理的な自然観を背景に実践的倫理を重視するストア哲学の本領を窺うことができよう。もっともマルクスには、質実剛健な禁欲的生活が性に合っていたのかも知れない。幼時から真面目な性格を謳われ、少年時代から大変な情熱をもって哲学を学び、一二歳の時にはギリシア風の粗末な外套一枚を羽織って夜は地面に直に寝るという耐久生活を実践した(ユリウス・カピトリヌス『マルクス伝』二)という。

もっとも『自省録』には同じような発想を示した並行箇所があちこちに散在する一方で、逆に微妙に色彩を異にする場合も少なくない。これらの微妙な色合いを無視して、強引に「統一的な思想体系」に塗り込めてしまい、ストア派の経典のひとつに加えることは、『自省録』というテクストのもつ本来の魅力を殺《そ》いでしまう危険も伴う。こうしたテクストの特質をどう理解するかは第三章以下でまた別の角度から検討を重ねることにしたい。

実際『自省録』の文体は独特であり、独自の用語も少なくない。「肉体に関するすべては流れであり、霊魂に関するすべては夢であり、煙である」(二・一七)、「あらゆるものはいわば死ぬために生まれるのだ」(一〇・一八)、「宇宙の原因は一つの奔流である。それは万物を運び去る」(九・二九)といった逆説的な箴言には、ストア派が称揚したヘラクレイトスの強い影響を、また「すべてを主観に帰する」(二・一五)態度のうちには犬儒派(モニモスら)の影響を見ることもできよう。特に心身の相関については、ストア派の標準的な唯物論的定式よりもプラトン主義的な二元論的図式を窺わせる表現が目立つ(一二・二、三・一六、四・二一、六・三二、一二・三)。また「苦痛を耐えるのにエピクロスの言葉を助けとせよ」(七・六四)と明言し、「摂理による宇宙の統一」というストア派の宇宙論を倫理的な生活への根拠として肯定しておきながら、この宇宙を「原子の離合集散」にすぎないと説くエピクロス派の偶然的自然観を並列させている(四・二七、一〇・六、一一・一八)点も注目に値する。

帝政ローマ期のストア派には哲学的な独創性はない、というのがツェラーはじめ従来の通説であった。たしかに「学派」といっても、それは特定の学校における師弟関係のように制度化された強固な連携ではなく、ストア主義の教説を標榜し、方法を共有する思想家たちが散在したにすぎない。彼らによる訓育の実態が何であったかは、近年の研究者の関心を惹いている問題であり、今後の研究の進展が期待される(Ch. Gill, The School in the Roman Imperial Period, p. 33)。学派相互の折衷的な性格と宗教的な色彩はローマ時代のストア派の特徴でもあるが、二世紀末以降、こうした救済への渇望は次第に思想的な洗練の度を高めつつあった新興のキリスト教や、復興擡頭《たいとう》しつつあるプラトン主義に、思想史上の主役の座を譲ることになる。

「セネカの文章は知性を刺戟し、エピクテトスの文章は気概を強め、マルクスの文章は心に沁み入る」とは、『自省録』を愛読した詩人マシュー・アーノルド(一八二二―一八八)の至言であった(*Essays in Criticism*, 1865, p. 367)。悠久の時間と宇宙的摂理のうちにおのれを厳しく律する、武士道にも通じる修養と諦念。それは「憂鬱な気質」(A・ロング)とも「硬質の無常観」(鈴木照雄)とも評されようが、マルクスの断章は、書斎での思想史研究の対象として以上に、実社会で呻吟《しんぎん》する知的な読者にとってこそ、強く訴えかけてくるものがある。

第二章　苦悩する魂とその救済

——『自省録』の宗教性

『自省録』のほんとうの魅力

さて前章では『自省録』全篇の中から、自然、徳、感情、自殺、運命といったストア哲学の重要な主題に関連する断章を抜粋して、ストア派の教説を信奉する——しかも特にエピクテトスの強い影響下にある——マルクス像を描きだしてみた。そしてこうした手法とその帰結は、E・ツェラー(E. Zeller, *Die Philosophie der Griechen in ihrer geschichtlichen Entwicklung* III-1, S. 781-791)以来、今なお哲学史のうちにマルクスを位置づける際の常套なのである。

「哲学史」や「思想の解説」であれば、話はここまで、と言いたい。だが『自省録』の中に幾つも見られる印象的な比喩や、寸鉄人を刺すごとき鋭い警句の数々は、短い紙幅でとうてい簡単に要約しうるものではない。そして丁寧に本文を読み進めた読者であれば誰しも、こうした断章のうちに単に

「ストア派の思想家」という枠に収容しきれない、特異な個性の輝きを感じるのではあるまいか。とりわけ第Ⅰ部第六章で検討したように『自省録』が学術論文とは違って、はるかに個人的な「覚書」であるとすれば、そのうちに教説や理論、いわば建前とは違った彼の率直な心情が吐露されていることは容易に想像がつく。そして事実、アフォリズムにも近い緩急とりまぜた語り口の妙こそが『自省録』の魅力なのである。

学説や理論とは区別される文体や語り方は、どうしても印象批評に偏りがちで、それを適切に評価することはなかなか難しい。翻訳の出来によっても印象が相当左右されてしまう。そしてこの点に関する限り、神谷美恵子訳(岩波文庫)には卓越したセンスが感じられる。次章以下で説明するように、時代の制約があるとはいえ、神谷訳はストア哲学の専門用語についての理解が十分でなく、肝腎の基本概念がその都度不必要に訳し分けられたりする欠陥も目につくが、その簡潔で雄勁《ゆうけい》な翻訳の文体は読者に強い印象を与え、まさに「名訳」といえる表現に達している箇所も少なくない。はたして読者はどういった印象を持たれるであろうか。本章ではこの問題を検討してみよう。

マルクスの内面を描きだす――ルナンの試み

一九世紀フランス文学史に大きな足跡を残したフランスの宗教史家エルネスト・ルナンは、『自省録』の熱烈な愛好者として知られるが、それは『自省録』をもとに個性的なマルクスの肖像を描き出そうとした最初の試みでもあった。とはいえ彼の試みは、必ずしも一貫した性格の人物像を描くことにはならず、深刻な分裂を孕んでいた。ルナンは皇帝の「幻滅した挙句の平静」(la sérénité désabusée)をしばしば強調する。

この世は取るに足りない、何の実質もない、という明快な見方をすれば、それは退屈であっても堅固な立場だ。懐疑主義の見方は確かであろう。だがこの敬虔な皇帝は懐疑にとどまらない人だった。彼の魂の運動は静謐《せいひつ》そのもので、あたかも棺の中にいるごとく、ほんの僅かな雑音も聞こえない。彼は仏教の涅槃《ねはん》、キリストの平安へと到達していたのだ。イエス、釈尊、ソクラテス、アッシジのフランチェスコらのように、彼はついに死を乗り越えた。だから今や死に向かって微笑むことすらできる。死はもはや彼にとって何の意味ももたないからだ。

(E. Renan, *Marc Aurèle et la fin du monde antique*, p. 274)

こう語っておきながら、ルナンは他方でマルクスのうちにこれとは全く反対の「悩める魂」をも発見するのである。

絶望的なまでの努力、これこそ彼の哲学の核心なのだが、それに加えて熱に浮かされたような自棄。それは時として詭弁《きべん》にまで圧縮されて、最後にはぱっくりと口を開けた傷を塞いでしまうのである。幸福にさよならを告げて、こんな途轍《とてつ》もないことを！　と誰しも言うだろう。だがわれわれには決して分かるまい。皇帝のしおたれて貧相な心がこれまで一体何を蒙ってきたのか。彼の蒼ざめた顔、いつも穏やかで微笑を絶やさない表情の下に隠れて、どれほどの苦痛を噛みしめてきたことか。
(op. cit., p. 267)

ルナンの描くマルクスは決して安定した人格者とは思われない。どうやら心身ともに深く病に苛《さいな》まれているようにも見える。

この奇妙な病、つまり自分自身を心配そうに覗きこみ、人間離れした細心さで、何事も完璧にやり遂げないではすまない熱意。これらは見た目ほど強靭とはいえない性格の特徴なのである。
(op. cit., p. 30)

J・M・リストも特に時間の観念に関する皇帝の「極端な懐疑主義」を批判する。

ストア派にとって哲学とは病んだ魂にとってある種の病院であり、しかも賢者を除く人々の魂はことごとく病んでいる。だがマルクスにとって、それは最悪の病院であった。
(J. M. Rist, *Stoic Philosophy*, p. 286)

マルクスに欠けていたのは、生まれたときの妖精の口づけだ。これはなかなか哲学的なものなのである。私が言いたいのは、おおらかに自然に任せる術のこと。つまり、あらゆることに「臥薪嘗胆」(abstine et sustine)しなくてもよい、「人生、笑って楽しめ」と言わなくちゃ、ということを知る快活さが大事なのだ。

(Renan, op. cit., p. 34)

ロマン主義的読み方の功罪

ロマン主義の時代精神は、必ずしも主観的な読み込みを排除しない。ベートーヴェンをはじめ、あちこちに刻印された「苦悩する天才によって生み出された崇高な芸術作品が人類を救済する」というロマン派お好みの常套が、こうしてマルクスにも適用されることになる。ルナンを嚆矢《こうし》として「幻滅した挙句の平静を装ったペシミズム」といった皇帝の人物像が定着していくことになった。それは「哀調を帯びた諦念」(P・ヴェントラント)、「否定的な絶望」(ポール・プティ)などいずれも「憂鬱な気質の皇帝」というイメージを反復し、ついには「自我同一性《アイデンティティ》の危機」(E・R・ドッズ)という「不安の時代の精神」を示す典型として理解されるようになる。

P・アドは一九世紀以来のこうした傾向を「神話」として批判する(Hadot, p. 387, 英訳 p. 243)。そもそも「著者はその作品の中で、完全にあるいは十分なほどに、自分自身を表現している。それゆえ作品は、それを産み出した者の似像である」という一見自明な解釈の前提は、実はロマン派の芸術学に由来する近代的理念の所産なのである。もっとも最近では「〈著者〉は死んだ。作品はそれ自身の自立性をもつ。だから作品は著者の意図を詮索することを離れて説明できる」というポスト・モダンの見解が流行しているが、いずれにせよ、この二つは対極的に見えながら、古代の書物を解釈しようとする場合には等しく時代錯誤を犯すことになる。『自省録』は決して個人の内面をそのまま吐露したような書物ではなかったからである。その委細は次章以降で検討する。

真実で永遠の福音書――マルクスの宗教

ここで話題を再びルナンのマルクス評価に戻すことにしよう。彼によれば『自省録』という小さいながら比類なき書物は、エピクテトスをもしのぎ、ストア哲学をはじめおよそあらゆる固定的な教条を超える真理を告げるものであった。

それは忍従の生の手引き、もはや近代人にとって理解しえない超自然的なものを信じることのできない人々にとっての福音書なのである。真実で永遠の福音書たる『自省録』は決して古びることがない。なぜならそれは教条を押しつけることがないからだ。〔新約聖書の〕福音書はその一部がもはや古くなってしまった。その基盤を構成している超自然の素朴な概念を、科学はもはや許容できない。『自省録』のうちに超自然的な要素はごくわずかしかない。しかもそれは素晴らしい背景の美に何ら影響しない、取るに足らない着色《しみ》にすぎないのだ。科学は神と魂を廃するかも知れぬ。だが生命と真実に溢れた『自省録』は、なお若々しくあり続けるだろう。マルクス・アウレリウスの宗教は、イエスの宗教が当時そうだったように、絶対的な宗教なのだ。つまり大宇宙に直面した高度に道徳的な良心という、きわめて単純な事実から生み出された。それは一つの民族、一つの国の宗教ではない。革命も、進歩も、科学上の発見も、それを変えることはできないだろう。

(Renan, op. cit., p. 166)

フランス愛国主義の旗手として論壇に健筆を揮《ふる》った著者の雄弁が聞こえてくるような、熱のこもった名演説である。この引用からも明らかなように、ルナンは『自省録』のうちに「絶対的宗教」を見出してしまったのである。

ルナンは当初カトリック司祭を目指したが、進歩史観や啓蒙的科学観にふれた結果、その道を断念し、またパレスティナの学術調査をもとに刊行した『イエス伝』(一八六三年、津田穣訳、岩波文庫)によって賛否両論、騒然たる物議を醸《かも》すことになった。彼は時代に先駆けて(神学上の受肉のキリストではなく)奇跡を排した人間としてのイエスの事績を生々しく描いた文学者という点では、わが国のカトリック作家・遠藤周作(『イエスの生涯』新潮社、一九七三年)の先蹤《せんしょう》をなすともいえよう。したがってルナンのマルクス理解は、彼のイエス理解と表裏をなしている。つまり彼は一方で、神学的思弁や俗信を排除することで卓抜な人格とヒューマニズムに支えられた「比類なき人間・イエス」を発見したが、他方マルクスにあっては、特定の思想や学説に拠らない超然とした知的態度のうちに一種の自然神学を見出した。かくしてこの両者は、いずれもそれぞれの文化に深く根を下ろした古代性を脱色されて、近代的な(合理的で人間主義的な)宗教心情のアイドルとなったのである。

ストア哲学の宗教性

ルナンによれば、マルクスの宗教は、多神教、理神論、汎神論の三つの要素の複合から成るものであった。この点は必ずしも誤りではないが、もう少し詳しく検討して若干の補足をしておこう。

(一)多神教(polytheism)

マルクスはローマの上層階級の家庭に生まれた身であり、また皇帝として当然のことながらローマの伝統的な宗教行事に参加していた。もっとも帝国の版図が拡大するにつれて各地の宗教(ギリシアの密儀宗教、エジプトの太陽神崇拝、ユダヤ教やキリスト教といった一神教、さらにオリエント由来のミトラ教、ゾロアスター教など)がローマ社会に持ち込まれることになる(詳細はM. Beard, J. North & S. Price, *Religions of Rome* またキース・ホプキンズ『神々にあふれる世界——古代ローマ宗教史探訪』参照)。マルクスはこのうち、ハドリアヌスに倣ってエレウシスで秘儀に参加した経験を持ち、ギリシアの密儀宗教には強い関心を有していたが、キリスト教についての関心や知識には乏しかったと思われる。

『自省録』中には(定冠詞つき単数の)「神」(ho theos)の用例は少ない。しかもわずかに人格神を予想させる箇所(八・五六、一〇・一一、一二・二、一二・一一)はごく例外的で、すぐに複数形「神々」と等置され(一二・五)、また「理性」とも並列される(一二・三一)。あとは複数形「神々」の用例が圧倒的である。とはいえ、クロトー(四・三四)とムーサイ(一一・一八)以外に具体的な神の名前は出てこない。ゼウスは、ストア哲学の伝統で、宇宙の理性、自然、摂理と同定されるか(五・八、五・二七、一一・八)、祈禱の際の定式で使われる(四・二三、五・六、五・七)にすぎない。その意味で『自省録』に登場する神は、表向きは複数であってもなお匿名にとどまっているのである。

(二)汎神論(pantheism)

「汎神論」という用語は、一八世紀英国での宗教論争(自由思想家ジョン・トーランド『汎神論大全』一七二〇年)の所産だが、発想自体は古今東西さまざまな宗教思想のうちに見出すことができる。宇宙と神とを実体的に同一視し、それゆえに神の人格性、道徳性、超越性を認めない自然宗教の立場や、自然のうちに神を求めて合一を希求し、安易な概念化を拒否する神秘主義の伝統は、しばしば汎神論と密接に関係する。

ストア派は西洋古代の汎神論を代表する思想である。つまり宇宙全体を貫徹する秩序を「自然」(physis)と呼び、その実質は万物に浸透する「気息」(pneuma)であり、その能動的側面を「造化の火」(pyr technikon)とも呼んだ。同時にそれを「神」とも呼んで(九・一)、ゼウスまたはその意志たる「摂理」(pronoia)と同一視した(二・三、二・一一、四・三、六・一〇、九・一、一二・一、一二・一四、一二・二四)。こうした自然の合理性を支えるのが、物質的な基盤をもって世界に充満する「種子的理性」(logoi spermatikoi)なのである(四・一四、四・二一、六・二四、ただし神谷は「創造的理性」と訳している)。

もっともマルクスと同時代の教父で、ローマで殉教を遂げたユスティノス(一〇〇頃—一六五頃)は、「種子的理性」の概念を利用して、この全体をロゴス・キリストに適用することにより、キリスト教徒が迫害される理由を説明する(『第二弁明』八・三、柴田有訳、『キリスト教教父著作集1』教文館、一九九二年)。これはストア派の基本概念がキリスト論に転用されて、折衷的ながらストア哲学がキリスト教と同心円的に考えられた興味深いケースである。

(三)理神論(Deism)

この概念も一八世紀英国の自由思想家に由来する。S・クラーク(一六七五—一七二九)、A・コリンズ(一六七六—一七二九)、M・ティンダルらの立場は必ずしも一様ではないが、伝統的なキリスト教(一神論 theism)に代わり、民衆を迷信や俗習から解放する合理的な自然宗教の確立を目指し、英国国内(D・ヒューム)はもとより、フランス百科全書派(ヴォルテール、ルソー)やプロイセンの啓蒙主義者(レッシング、カント)にも強い影響を及ぼした。そしてこの側面をルナンは最も強調する。奇跡や超自然を一切加味せず、宇宙を貫徹する合理性に直面することから生まれ来たる生の規範——倫理であれ理性宗教であれ——これこそルナンが称揚してやまないマルクスの「福音」の核心なのである。

本書の第Ⅰ部第四章でも見たように、ストア派の受容と評価に際して、キリスト教との関係は一筋縄ではいかない微妙なものがある。新プラトン主義やストア哲学は、超越や救済を志向しながらキリスト教には反発を覚える知識人にとって、代替宗教のような役割を果たしてきた面があり、それは西洋思想史であれ近代日本思想史であれ事情はさほど変わらない。

アテーナイ人たちの祈り。「雨を、雨を、おお恵み深きゼウスよ、アテーナイの人々の野と畑の上に。」全然祈らないか、それともこういうふうに単純に、率直に祈るか、そのいずれかを採るべきである。（五・七）

例によって簡潔な訓戒で、その真意にはなお解釈の余地があるが、少しでも聖書の素養があれば、こういった勧告を福音書のイエスの教えと重ねることは容易であろう。

あなたがたが祈るときは、異邦人のようにくどくどと述べてはならない。彼らは言葉数が多ければ聞き入れられると思い込んでいる。彼らの真似をしてはならない。あなたがたの父は、願う前から、あなたがたに必要なものをご存じなのだ。（『マタイによる福音書』六・七—八）

古典の生命——ストア的な生き方への招き

エピクテトスの場合もそうだったが、後期ストア派には生き方への勧告を含む強い宗教性が漂っているために、キリスト教や仏教といくつも接触点があるように見える。たしかに『自省録』の熱心な読者の中には、ルナンと同じようにその宗教性にこそ強く惹かれる者も少なくあるまい。J・S・ミル(一八〇六―七三)は『自省録』がキリスト教とは独立の源泉から発しながら「山上の垂訓」と同じ境地に至る、その高い宗教性を評価する(『宗教の功利性』)。とはいえ彼らの評価は果たして正当であろうか。ルナンは、『自省録』が決して古びることのない真実で永遠の福音書たるのは、特定の教説に依存しないからだと考えて、革命と進歩の世紀に半ばは古びてしまったキリスト教の福音と対照させた。だが公平に見ればこうした単純な対比には無理があろう。すべからく古典といわれる書物は、それが特定の時代の文化的環境の中で生まれた以上、幾分かは文化に拘束された面をもっており、その限りでは(骨董品を愛でるレトロ趣味は別として)古びるものであろう。こうした当然の制約を無視して普遍妥当的な規範と見なした途端、それは宗教的原理主義として人間の理性を窒息させ、「文明の衝突」を引き起こす。そしてその危険は預言者エレミヤ(「律法を胸の中に授け、彼らの心にそれを記す」『エレミヤ書』三一・三三)にせよ、使徒パウロ(「文字は殺し、霊は生かす」『コリントの信徒への手紙第二』三・六)にせよ、すでにその宗教形成の途上で早くも予感されていた陥穽《かんせい》だったのである。

他面で、こうした時代の制約を負った部分を乗り越えるなら、人類が汲むべき叡智の無尽の源泉を見出せるのではないか。それは福音書であれ『自省録』であれ、事情は違わない。だがそのためには、たとえ古典と呼ばれる書物であっても、絶えざる読み返し、読み直しを要求してくる。古典は単純に持続する権威ではなく、読者によって絶えず試され、鍛えられ、読み直されるごとに、新たに誕生し、その生命を次代に伝えていくのである。

二一世紀初頭にあって、すでにわれわれは、かつてルナンを圧倒した啓蒙主義、近代科学、進歩史観などが、いずれも古びつつある状況に直面しているのではないか。『自省録』は何も一切の教説から超然としているがゆえに深い宗教性を帯びているのではない。むしろそれは、皇帝ひとりの覚書であったとしても、われわれがそれに接する限り、読者に対してストア的な生き方への招きを含んでいる。それはたしかに、われわれにとって所与の常識を転倒させ、人間と社会に対する全く新しい見方、自分の人生の根本的な転向、生き方の選択や変容を迫る逆説なのである。

次章では、ストア哲学を単なる教説や理論として理解するのではなく、こうした一定の生き方への招待、訓育として読んでみる可能性を考えてみたい。

第三章　哲学の理念
――観照と実践、規則の変奏

反復や重複のもつ意味

『自省録』は短い断章が連なり、印象的な名句が鏤《ちりば》められているものの、あちこちに反復や重複が見られる。過不足のない表現、緊密な構成、一貫した思想――仮にこれらを哲学的著作の要件だとすれば、『自省録』はとうてい一流の著作とはいえまい。長らく講壇哲学の側から冷遇されてきたのは、ひとつにはこうした冗漫ともいえる著作のスタイルによるところが大きい。反対に、人生論の古典として一般読者から愛好されてきたのは、どこからでも読み始められるような気軽さ、アフォリズム的文学形式の通俗性ゆえであった。だがこうした素人的な読み方は、どうしても恣意的な理解を無制限に許容することになるまいか。『自省録』にはふさわしい読み方があるのだろうか。そしてこの問いは、『自省録』の執筆意図、著者の哲学についての理念と密接に関係している。

本章では、ピエール・アドの最近の研究を参照しながら、『自省録』のこうしたテクストのもつ形式上の特質が、実はストア哲学の基本理念と密接に関係していることを跡づけてみたい。つまり『自省録』は決して粗雑な抜粋でも、「つれづれなるままに」書き流された印象記の雑然たる集積でもなく、これらがたとえ私的な覚書であり、未完の草稿群であったとしても、実はある明確な意図のもとに構成されている。そうしたテクストの深層構造の解明である。

哲学の理念

古代の哲学は、いずれもそれらが単に学説や理論に尽きない点に特徴がある。特に懐疑主義、エピクロス派など、ストア派と並んでヘレニズム時代に隆盛を誇った諸思潮は、いずれも単なる「方法的」といった形容詞を付さない強い実践的志向、「生の技法」(ars vivendi)としての哲学の理念を共有していた。ニーチェや斎藤忍随(一九一七―八六)が愛好したディオゲネス・ラエルティオス『ギリシア哲学者列伝』(後三世紀前半に成立)は、学説と並んで伝記を重視し、著名な哲学者たちがいかに自分の学説と即応した生き方(そして死に方)をしたかを、豊富な(ただし史実性は怪しい)逸話を満載して伝えている。

『自省録』の中には「哲学」(philosophia)という語が全部で一二回登場する。その中でも、以下の引用は哲学の課題を鮮明に示していよう。

哲学が君をつくりあげようとしたその通りの人間であり続けるように努力せよ。神々を畏れ、人を助けよ。人生は短い。地上生活の唯一の収穫は、敬虔な態度と社会を益する行動である。

（六・三〇）

人生は戦いであり、旅の宿りであり、死後の名声は忘却にすぎない。しからば我々を導きうるものは何であろうか。一つ、ただ一つ、哲学である。

（二・一七）

第二巻の最終章は、以下その「哲学」の内実を雄弁に語っている。すなわち、内なるダイモン（理性）を守って快苦に対して自己を統御すること。でたらめに行動せず、偽善や偽りをなさず、他人と比較して不平を言わずに自分に与えられた分や出来事を喜んで受け入れること。自然のうちに悪はない、だから万有の変化と解体の実相を洞察して、死を恐れぬこと。

この文言を漠然と眺める限り、きれいごとを並べただけの、道学者のお説教にも映ろう。だが一般人は、好奇心に駆られて情報収集には敏感だが、他ならぬ自分自身が誤謬に陥らずに適切な判断を下せるかどうかには無関心で、いわば自己の判断力を過信している。そして手当たり次第に欲望を向けたままで一向にそれを統御せず、その限界を知らず、知ろうともしない。また利己的な心情から、他人と比較しては自分の現在の境遇に不満を抱き、心情的に他人に寄りかかっては不平を言い、そのあげく人間関係に軋轢《あつれき》や摩擦を生んでしまう。

対応する。

三種類の生の規則

すでに本書の第Ⅰ部第三章で述べたように、エピクテトスは、「善美の人たらんとする者が修練すべき問題」として三つの領域を挙げていた(『語録』三・二・一―二)。これは『自省録』にもそのまま

至るところ、至る時において君にできること(epi soi)は、①現在自分の身に起こっている事柄にたいして敬虔な満足の念をいだき、②現在周囲にいる人々に対して正義にかなった振舞をなし、③現在の心象(phantasia)に全注意を注ぎ、十分把握されていないもの(akataleptōn)は一切そこに忍び込む余地のないようにすることである。(七・五四)

アドによれば、これを基準的な表現として、『自省録』の大部分はこの三種類の生の規則(あるいはそのうちのいずれか)を様々な仕方で言い換えているのだという。こうした行為の原則を、マルクスは信条(dogma)とも呼んでいる(二・三、三・一三、四・四九)。「信条」とは、中期ストア主義のポセイドニオス(前一三五頃―前五〇頃)に由来する用語で、エピクテトスも頻繁に用いているが(『語録』一・三・一、一・一八・二〇、三・一〇・一)、特定の行為を基礎づけ、正当化する普遍的な原則で、いずれもごく短い命題で表される。そしてこれはストア哲学の基本的な原則から演繹されるのである。

今後なんなりと君を悲しみに誘うことがあったら、つぎの信条をよりどころとするのを忘れるな。曰く「これは不運ではない。しかしこれを気高く耐え忍ぶことは幸運である」と。（四・四九）

善く生きることはどこにも見つからなかったのだ。推論の操作にも、財産にも、名声にも、享楽にもない。ではそれはどこにあるのか？　人間の（内なる）自然を求めるところをなすにある。ではいかにしてこれをなすか。自己の衝動や行動の源泉として幾つかの信条をもつことによって。いかなる信条か。善と悪に関して、人間を正しく節制的に、雄々しく、自由にしないものは、いかなるものといえども人間にとって善きものではない。人間をこれらの反対にしないものは、いかなるものといえども人間にとって悪いものではない、ということである。（八・一）

マルクスはこれを技術との比喩で「定理」（theorema 神谷訳では「法則」「一般原理」）とも呼んでいる（一一・五、四・二）。人間の善や幸福は、宇宙の本性を洞察することから演繹される。その意味で倫理学は「生の技法」である限り、自然学の洞察にその原理を負っているのである。とはいえこの信条は、認識や技術の場面と違って、一度獲得すれば免許皆伝といったものではない。

信条は死なない。これに相応する表象（phantasia）が消滅しない限り、どうして死ぬことがありえようか。そしてこれらの表象をたえず新たな焔に燃えあがらせることは、ひとえに君にかかっている(epi soi)のである。(七・二)

信条と箴言

消えかかった自己の内なるイメージを再び燃え立たせること――これこそ『自省録』における不断の反復の意味だったのである。マルクスは、田舎や海岸や山に別荘を持ちたがる同時代の上流ローマ人の趣味を凡俗とし、自分自身のうちに隠棲することを勧める。

自分自身の魂の中にまさる平和な閑寂《かんじゃく》な隠家を見出すことはできない。(四・三)

ただしこれは何も対人恐怖の「ひきこもり」ではない。たえずそれを参照することで心の平安を回復するような簡潔で本質的な綱領を、自分の心に用意しておくこと――これこそが肝要なのである。マルクスはその具体的な内容を様々な箇所で反復展開しているのだが、都合八箇条(kephalaia)としてまとめている。

君があることに不満をいだくときには、つぎのことを忘れているのだ。すなわち、①すべては宇宙の自然に従って起こること、また、②過ちは他人の犯したものであること。③そのうえすべて起こってくることはいつでもそのように起こったのだし、将来も起こるであろうし、現在も至るところで起こっていること。④またひとりの人間を全人類に結びつける絆はいかに強いものであるかということ、なぜならば、それは血や種の絆ではなく、叡智《ヌース》を共有するからである。⑤各個人の叡智は神であり、神から流れ出たものであること。⑥またどんなものでも人間の個人的な所有物ではなく、人の子供、肉体、また魂でさえも、神から来たものであること。⑦すべては主観にすぎぬこと。⑧各自の生きるのは現在であり、失うのも現在のみであること。以上を忘れているのだ。

(一二・二六)

以上は極めて簡潔な表現(ラコニア風箴言のスタイル)で要点が列挙されている。それはまた単独で述べられる場合もあるが、そのうちの幾つかがまとめて語られる場合もある(二・一、四・三、四・二六、七・二二、八・二一、九・一八、一二・七)。そこで、これらを総覧すれば、『自省録』の中で展開される主題がほぼ尽くされるであろう。

そしてエピクテトス以来のより一般的なストア派の原則、すなわち「われわれの権内にあるものだけが、善または悪でありうる」に加えて、「われわれの判断や同意(hypolepsis)もわれわれの権内に(epi soi)ある」(一二・二二)という一般原則とから、次のような主張が導かれる。すなわち「われわれの判断、つまり事物を自らに表象する仕方にこそ、われわれを悩ます悪や障害が存する」(四・三、一一・一八)、「自分自身こそ自らの問題の原因である」(四・二六、一二・八)、「それゆえすべては判断(hypolepsis)

の問題にすぎない」(二・一五、一二・二三)、「理性は身体から独立である、事物はわれわれを悩ますべくわれわれのうちにやって来ることはない」(四・三)、「すべて人間の欠陥は誤った判断であり、無知に起因する」(二・一、四・三、一一・一八)と。

先の八箇条の第③項を見てみよう。時間が長かろうが短かろうが、現在の一点において過去も未来もその全貌を現している。それは、宇宙であれ人間の歴史であれ変わらない。「永遠の現在」といった表現を生み出す発想の根がここにある。

万物は永遠の昔から同じ形をなし、同じ周期を反復している。(二・一四)

万物は同じ起源を持ち(homogenes)、同じ外観を呈している(homoeides)。(六・三七)

万物は、永遠の昔から同じ形の下に生起し、永遠に至るまで他の同様な形の下に生起して行くであろう。(九・三五)

万物は同一であるから、少しでもものの分かった男なら四〇歳ともなれば、過去に存在したものおよび未来に存在するであろうものをことごとく見たわけなのである。(一一・一)

このように引用を並べてみると、ほぼ同一の表現が(しかも全く同一ではない点が実は重要なのだが)くどいほどに反復して語られていることに気づくだろう。『自省録』の冗漫とも思える一面である。神谷美恵子訳はそれぞれの断章を流麗に訳しているのだが、その半面マルクスがストア派の術語を意識的に組み合わせて述べている点に思い及ばないために、鍵概念(ここでは「同型性」homoeides)を、その場に応じて色々と訳し分けてしまっている(他にも信条、主観、幸福、運命、表象、理性、法則、思念、出来事、義務、感情、意見、想像力、想念、知覚、などの訳語にこうした傾向が見られる)。もちろん刊行当時の学問的水準を考えればやむをえない限界であり、非難すべき欠陥とはいえない。ただこうした傾向のため、ただ漫然と神谷訳を読んでいるだけでは、ここに示したような定型的表現の反復がともすると見失われてしまう。一言、注意を喚起しておこう。

三つの規則、三つの領域、三つの実在

アドによれば、先に引用した第七巻五四章はこうした生の規則を集約的に表現しているという。つまりここには、人間の行為を律する規則として、①自己の思考に対する、②宇宙自然の必然性に対する、③他者に対する、各自の関係が三つの領域を構成する。そしてこの規則は、「判断」(hypolepsis)、「欲求」(orexis)、「傾向性」(horme 一般に「衝動」と訳されることが多い)という魂の三種類の活動にも対応する。そしてこれら三つはすべて、エピクテトスが(『提要』第一節で)「権内にあるもの」の例に挙げていたものだったことを思い出そう。この三つは人間の精神的な機能である以上、われわれの裁量

に任されており、つまり修養と鍛錬によって陶冶すべきものなのである。

さらにこの三規則は実在の領域の三区分にも対応する。すなわち、判断する能力としての指導理性(hegemonikon, endon heautou daimon)、マクロ・コスモスとしての宇宙の秩序、ミクロ・コスモスとしての人間本性である。今これを図示すれば、次のようになる。

活動	実在の領域	心の態度
① 判断	判断能力(理性)	客観性(把握表象)
② 欲求	自然の秩序(大宇宙)	運命への同意
③ 行為への傾向	人間本性(小宇宙)	正義と利他性

規則の変奏としての『自省録』

こうした図式を想定してみると、なるほどこの三つの規則が『自省録』全巻を通じて、いたるところで変奏されていることに気づくだろう。順番は前後するものの、分かりやすいように番号をふって引用しながら見ていくことにしよう。

①現在の判断が納得のゆくもの(kataleptike)であり、③現在の行為が社会に役立つもの(koinonike)であり、②現在の態度が外的な原因から生じ来るすべての事柄にたいして満足する(euarestike)てい

のものならば、それで充分なのである。（九・六）

理性的な自然がその道を正しく歩むのはつぎのような場合である。すなわち、①その表象において虚偽や曖昧なことに同意を与えず、③傾向性をただ公益的な仕事にのみ向け、好き嫌いを我々の力でどうにでもなることにのみ限り、②宇宙の自然によって割り当てられるものをすべて歓迎する、こういう場合である。（八・七）

①表象は拭い去れ、③傾向性は抑えよ、②欲求の火を消せ。そして指導理性を自己の支配の下におけ。（九・七）

永遠の記憶などということは、まったく虚しいことだ。では我々の熱心を注ぐべきものは何であろうか。ただこの一事、すなわち③正義にかなった考え、社会公共に益する行動、①嘘のない言葉、②すべての出来事を必然的なものとして、親しみあるものとして、また同じ源、同じ泉から流れ出るものとして歓迎する態度である。（四・三三）

さらに、諸徳のうちで以下のような三種類の徳目のリストも、こうした三つの規則に対応したものと考えることができる。

ランプの光は、それが消えるまでは輝き、その明るさを失わない。それなのに君の内なる、①真理と、③正義と、②節制とは、君より先に消えてなくなってしまうのであろうか。（一二・一五）

この判断する能力こそ、①われわれが軽率になるのを防ぎ、③人間に対する親しみと、②神々に対する服従とを約束するのである。（三・九）

以上の引用は三組すべて揃っている完全な場合であったが、このうち一つもしくは二つだけに言及した不完全な箇所は実に多い（一〇・一一、八・二三、七・五七、四・七、一二・二〇）。そしてこのように見てくると、『自省録』の本文は、その表面は無秩序な構成と度重なる反復・重複に覆われているものの、実はその背後にはストア哲学の三つの規則の演繹・展開という、高度に緊密な構造をもったテクストであることが判明してくるのである。

第四章　精神の訓育

――想像力の開花・書くことの意味

実践的修養論の課程

『自省録』はこうした信条(dogma)を単に定式化するだけにはとどまらない。たしかに信条は、個人の行為を導く主観的原理という意味で近代哲学の「格率」(maxim)に相当する面がある。ただし実際にそれを活かすのは、もはや理性のみならず、また想像力の働きにもかかっているのだ。

「私が今日あなたに命じるこの戒めは難しすぎるものでもなく、遠く及ばぬものでもない。……御言葉はあなたのごく近くにあり、あなたの口と心にあるのだから、それを行うことができる」(『申命記』三〇・一一―一四)とは、旧約聖書でモーセが律法の結びとしてイスラエルの民に示した勧告であったが、「主の祈り」であれ「念仏」であれ、また数珠やロザリオであれ、宗教は常にこうした実践の際に機能する言葉と行とを備えているものである。そして実際ストア派にもその意味での実践的修養論の課程が準備されていたのである。

風刺喜劇(mimos)、戦争、恐怖、麻痺、つまりは隷従――こういうものが君の神聖な信条を日に日に消し去ってしまう。これらの信条を、君は自然の探究なしに思い描き、心のうちに送り込んだにすぎないのだ。

（一〇・九、なお本文の読みは Gataker と Farquharson の修正案による）

日常生活の中で容易に磨滅してしまう信条を不断に活性化するためには、自然学研究にもとづく一層原理的な考察を必要とするが、同時にまた普段から想像力を働かせるイメージ・トレーニングが必要になる。そしてそれが最も重要な意味を帯びてくるのは、死を問題にする場面なのである。

死を想像する

アウグストゥスの宮廷――その妻、娘、子孫、祖先、姉妹、アグリッパ、親類、一族郎党、友人、アレイオス、マエケーナース、医者、司祭たち――この宮廷の人々は一人残らず死んでしまった。次に他の例に目を転じて見よ。それも一人の人間の死ではなく、たとえばポンペイウス一族全体の死である。また墓碑に記してある「一族の最後の者」という言葉を思いめぐらすがよい。

（八・三一）

たとえばウェスパシアーヌスの時代のことを考えてみよ、そうすればつぎのようなものを残らず見出すだろう。結婚したり、子供を育てたり、病んだり、死んだり、戦争をしたり、祭日を祝ったり、商売をしたり、耕したり、へつらったり、高ぶったり、疑ったり、陰謀を企てたり、誰かが死ぬように祈ったり、現在与えられているものに対してぶつぶつ言ったり、愛したり、貯め込んだり、執政官の地位や王位を欲しがったりする人々。ところがこういう人々の生活はその痕跡すら残っていないのだ。

つぎにトラヤーヌスの時代に移ってみよ。そこでもなにからなにまで同じことだ。その生活もまた逝ってしまった。いかに多くの人間が力のかぎりを尽くして努力した後、間もなく倒れ、元素に分解して溶けてしまったかを見るであろう。特に君が自ら知っていた人々を思い起こしてみるべきである。（四・三二）

あらゆる種類、あらゆる職業、あらゆる種族の人間が死んでしまったという事実をつねに念頭におくがよい。（以下略）（六・四七）

憂鬱な気質か無常の感慨か

この第四七章では以下、ギリシア・ローマの著名人の名前が書き連ねられる。長いので引用は省くが、これらの箇所を一読して、誰しも冗長でくどい、と思わないだろうか。固有名をいたずらに書き連ねるのは、修辞としてはむしろ逆効果であろう。だからこそ、こうした欠陥とも見えるスタイルのもつ意味を改めて考えてみなければならない。そこで、すでに本書の第Ⅰ部第三章で見たように、エピクテトスもこうしたイメージ・トレーニングの必要性を再三強調していたことを思い出そう。お気に入りの壺や盃が壊れる、という身近な例から始めて、愛する妻子の死別を迎えても悲嘆したり錯乱したりしないようにするためである（『提要』三、二六）。

「去年の雪は今いずこ」「年々歳々花相似、歳々年々人不同」といった文学の系譜と似て、想像力のはばたきは、また現実の不在と対照させることによって、一転して時の移ろいと人の世の栄華の虚しさを際立たせることになる。『自省録』の中には、死に対する言及が異常に多い。それはセネカ『人生の短さについて』やエピクテトス『語録』『提要』あるいはキケロ『老年について』といったローマ・ストア主義の伝統のなかでも突出しており、全篇に陰鬱ともいえる陰を投げている。古典学者ドッズは「折々に荒涼とした不帰属の感情を吐露する」としてマルクスの心理のうちに、時代の不安、自我同一性《アイデンティティ》の危機を読み込んだ（邦訳三六頁）。またエピクテトス研究に新境地を開いたアンソニー・ロングは、筆者（荻野）宛の私信の中で「エピクテトスに較べて、マルクスのメランコリックな調子がどうにも好きになれない」と述懐している。おそらく一連のこうした感懐は、『自省録』全篇に漲《みなぎ》る死に対する切迫感のゆえでもあろう。もっとも「無常観」に親しい日本文学の伝統は、移ろいゆく一瞬の儚さのうちにこそ、限りない哀しみにみちた美しさを汲み取ろうとする。こうした美的感受性と照らしてみれば、わが国の読者はさほどの違和感を持たずに共感できるのかも知れない。

永遠の相の下で

とはいえマルクスの心情が情緒的な「無常の悲哀」とは異なる、はるかに毅然とした位相にあることも見逃してはならない。

死を蔑視するために、俗っぽくはあるが、しかし効果のある助けは、執拗に人生に執着した人々を思い出してみることだ。夭折《ようせつ》した人々と較べて、彼らの方がなにか得をしているだろうか。……君のうしろに永遠の時の淵が口を開けているのを見よ、また前にももう一つの無限のあるのを。この無限の中で、三日の赤児もネストールの三倍も長生きした人間もなんのちがいがあろうか。

（四・五〇）

人間について論じる者は、高処から望むがごとく、地上のことを見渡さなくてはいけない。

（七・四八）

高処から眺めよ。無数の集会や無数の儀式を、嵐や凪《なぎ》の種々な航海を、生まれ、共に生き、消え去って行く人々の有為転変を。……記憶も名声も、その他すべてにいかに数うるに足らぬものである

ことか。（九・三〇）

「高処から眺める」とは、各人の置かれた個別的な状況をいったん括弧に入れ、自他対称の普遍的な視点を構想することである。その意味では、スピノザの有名な理念「理性の本性は、事物をある永遠の相の下で観想する(res sub quadam aeternitatis specie percipere)ことである」(『エチカ』第二部定理四四系二)とも通じる発想であろう。もっとも世界の垂直的な観照が常に同じ結果を導くとは限らない。ミシェル・フーコー(一九二六–八四)によれば、全く同じ世界の俯瞰的な視点は、異なった倫理的帰結をもたらすという。つまりセネカの場合は「微小さのアイロニー」へと導かれて、主体の同一性、安定した自己の存在を基礎づけるのに対して、マルクス帝の場合は「同一的なものの反復の効果」へと導かれ、個々人は世界を支配する理性の一部でしかない、つまり個体性の解体へと向かうのである(コレージュ・ド・フランス、一九八二年二月二四日の講義。参考文献参照)。

どこにもいないが、どこにでもいる

固有名を次々に列挙して具体的なイメージを膨らませる、こうした一連の想像力の訓育は『自省録』のあちこちに見ることができる(七・一九、八・二五、八・三七、一二・二七)。しかし「彼らはいまいずこ？」(一〇・三一、一二・二七)という問いは「いずこにもいない」という答えと同時に「あるいはいずこにでもいる」(一〇・三一)という答えをも含むことになる(ただしこの箇所は「いずことも知れない場所に」と訳すこともできる)。

二人〔アレクサンドロス大王とその馬丁〕は、一度死ぬと、同じ身の上になってしまった。つまり二人は宇宙の同じ種子的理性(logoi spermatikoi)の中に取り戻されたか、もしくは原子の中に同じように分散されたのである。

(六・二四)

全宇宙は不断の生成変化の過程にあり、人体の新陳代謝を考えれば分かるように、物質交代を繰り返しながら、あるものの生成は、同時に他のものの消滅でもある。この両者、つまり甲の生成と乙の消滅とはいわば一枚の紙の裏・表をなす事実であって、両者を単独で切り離すことはできない。すなわち端的な意味で「新しいものの生誕」がそこに入り込む余地はないのだ。それはヘラクレイトスの謎にみちた箴言「同じこと……生きるのも死ぬのも、目覚めも眠りも、若きも老いも。なぜなら、このものが転じてかのものとなり、かのものがまた転じてこのものとなるからだ。」(B八八)の変奏でもある(他に断片一〇、三一、三六、七六など)。ヘラクレイトスは、火を重視する特異な自然観、万有に浸透するロゴスの理念、そして汎神論的な宇宙論などの特質から、ストア派との親近性を強く持った思想家であり、事実ヘラクレイトスの著作のうちにはストア派を経由して伝承された断片が少なくない。

こうした視点からは――つまり私自身の、代替不可能な死という視点拘束性(アスペクト)を括弧に入れれば――死もまた一個の事実であり、何らか別のものが生成する事実の陰画《ネガ》にすぎない。しかもこうした宇宙の自然が一貫して合理性と摂理とに貫かれており、つまり不断の生成消滅が全体としてそれ自体「善い」ものとして肯定されるならば、宇宙に起こる様々な出来事の中にはもはや悪の入り込む余地はなく、此岸は即「善悪の彼岸」となる。死を恐れる感情や、それを何としても忌避しようとする欲求は、いずれも蒸散してしまう。そしてこれこそ、ストア派の戦略の核心であったのである。ただしマルクスの場合、こうした想像力の訓練に加えて、今一つの重要な修練があった。それが、ほかならぬ書く行為である。

「書く」行為がもつ意味

『自省録』は前章でみたように、単なる感想や体験を時系列にそって記述した日記ではなく、いくつか限られたストア哲学の「生の規則」を様々に展開した集積であると見ることができる。その結果、膨大な反復や重複を生むことになった。『自省録』の読者は、全巻を読み進むにしたがって、あたかも洞窟の中を歩きながら、絶えず反響する音を聞くような思いにとらわれることだろう。しかもこの中にはほとんど逐語的な反復ともいえる言い回しが出てくる。

人間を悪くしないものが、どうしてその人間の生を悪くしえようか。（二・一一）

人間自身を悪くしないものは、彼の生をも悪くはしない。またこれを外側からも内側からも損なわない。（四・八）

すべてはかりそめにすぎない。おぼえる者もおぼえられる者も。（四・三五）
人生は短い。褒める者にも褒められる者にも、記憶する者にも記憶される者にも。（八・二一）

常々そんなふうにここの対象を見ることほど心を偉大にするものはない。（三・一一）
万物はいかにして互いに変化しあうか。これを観察する方法を自分のものにし、絶えざる注意をもってこの分野における修練を積むがよい。実にこれほど精神を偉大にするものはないのである。（一〇・一一）

例によって神谷美恵子訳はその場にあった訳を心がけているせいか、またこうした『自省録』の構造に思い及ばなかったせいか、訳文に少しずれが見られるのに気づかれるだろう。原文ではまったく同じ表現になっており、訳し分ける必然性はないし、またしないほうがよい。その点で水地宗明訳の方が、愚直ながらストア派の術語をふまえて、一貫して原文に忠実に訳している。

少々長いので引用は省くが、第八巻三四章と第一一巻八章などにも並行関係を見ることができる。また「原因となるもの(to aitiodes)と素材となるもの(to hylikon)を判別せよ」(四・二一)というストア自然学の原則は、ほとんど似たような表現で前後一〇回ほど繰り返されている。ただしこれは、学校で習った自然学の知識を無闇に振り回しているわけではない。問題に遭遇して困惑した時に、この原則を思い出すことによって「人形のように操られる」(七・二九)ことなく、自らの理性的な判断を研ぎ澄ますための、定型的な引用なのである。難問に直面した受験生が「易しい問題から先に解答せよ」といった受験の鉄則を想起するようなものであろう。アドによれば、マルクスにとってこうした定式の引用には「実存的な意味」があったのだという。そもそも以上の引用には、すべからく論証も例示も欠けている。それは単なる独断のせいではない。マルクスは自分に対して語っているので、もはや他人にいちいち説明する必要はない。書くのはあくまで自家用だったからである。

エピクテトスも書いていた

その点でもまた、マルクスはエピクテトスの忠実な弟子であった。エピクテトスは『語録』の冒頭で、「われわれの権内にあるものとないもの」との考察に続けて「以上のことを哲学者は心にかけ、毎日のように書き記し、それらを練習せねばならなかった」(一・一・二五)と付け加えている。また別の機会には「以上述べられたことを、夜も昼も手許におけ(procheira)。それらを書き記し、読み直せ。それらについて自分自身とも、他人とも話すがよい」(『語録』三・二四・一〇三)と語っている。

第Ⅰ部第三章で紹介したように、エピクテトスの「著作」とされる『語録』や『提要』を書いたのは、クセノポンを気取った弟子のアリアノスだった。エピクテトス自身は著作を書くことを(おそらくソクラテスやディオゲネスの言行を意識して)しなかった。それでもこうした発言からは、修養の過程で、他人に読ませる「著作」とは別に、やはり何事かを常に自分用に書きつけていた次第が窺われるのである。

「人を不安にするものは事柄(pragma)ではなくして、事柄に関する考え(dogmata)である。……だからわれわれが不安や悲しみに陥った時には、他人ではなく自分たち、つまり自分たちの考えを責めようではないか」(『提要』五)。だがここでの「考えを責める」とはどういうことだろうか。事物に対する判断(hypolepsis)やその結果としての欲求(orexis)、あるいは他者へ向けられる傾向性(horme)は、すべて主述の構造をもっている。何か知らないものにふれて思わず「熱い!」と感じる時、その知覚は疑いないとしても、それだけでは一体何が熱いのか、なぜそんなことになったのかは分からない。これはいわば漠然とした、分節化された構造を持たない印象や観念にすぎない。それに対して観察や反省が加わることで、何が熱いのか、事態が了解できる。このようにある表象に対して同意を与えるかどうか、つまり真偽を伴った判断の成立とは、まさに自己の中で一種の対話がやりとりされる過程なのである。その意味で、思考とは「沈黙の中で自分を相手に語る言葉」(『テアイテトス』一九〇A)としたプラトンの延長線上にある「内的な対話」にほかならない。

自己対話の訓育

ストア派の生の規則の要諦は、こうした内的な自己対話があらぬ方向に逸《そ》れていかないように、上手に統制すること——まさにこの点に尽きる。先にふれたような想像力の訓練も、実はそのために行われたのだが、最後にこれを補完する修練が、自分で書くことの勧めであった。

エピクテトスの談話(diatribe)とは、実際の対話を通じて最終的には門弟たち一人一人の自己対話を訓育していく教授法であったろう。その際にソクラテスの論駁《エレンコス》的対話法が哲学の方法論として決定的な意味を有していたことは容易に想像がつく。そしてもう一つの修練が(他人に見せるのではなく)自分で書くことによる訓育であった。それは「信条が死滅することのないように、おのれの内なる表象をたえず新たな焰に燃えあがらせる」(七・二)ように、自己の現前に信条を提示するためなのである。

かくして書く行為は、単なる日誌や記録でも、他人に読ませるための「著作」でもない、ストア派の規則の実践の一部を構成していた。だがこうした修練ともいえる書く行為は、当然のことながら不断の反復を辞さない。また、学生のとる講義ノートのように、いらなくなれば自分の手で廃棄したかも知れない。だがその書きつけは、長年にわたれば相当な量に達するだろう。こうした個人的な備忘録が現今の『自省録』のテクストであるとすれば、不断の反復や重複の意味もおのずから浮かびあがってこよう。

ストア派の「信条」とは、数学の定理のように一度学べば事足りるといった原理ではない。ＤＮＡがたとえ遺伝情報を記載した生命の設計図であっても、実際に生きた細胞のうちに取り込まれなくては、生命の複製が始まらないように、情報系と生命系は決定的に異なるのである。だから信条も、単なる硬直した命題ではなく、自らの経験や直観と照合しながら、医者が持つ道具のように馴染んだものの、すぐに使えるものとしておかなければならない(三・一三)。しかもそれは炎のように日常生活の中で忘却され、容易に消えてしまう。だから再度燃やすために、絶えずそれを念頭に浮かべ、思い出す必要がある。それが書く行為なのである。その際同じ言葉の単なる復唱や書写では十分とはいえない。状況に応じて実際には少しずつ揺らぎを含んだ表現が必要になるだろう。だからこうした書く修練にあっては、書き残された文言の痕跡ではなく、書く行為そのものに意味があるのである。

『自省録』を読む醍醐味

自分にうぬぼれのないことを自負して、それでうぬぼれている人間は、誰よりも一番我慢のならないものである。（一二・二七）

エピクテトスにせよマルクスにせよ、彼らはストア哲学の完成した体系を示しているとはとうてい言いがたい。むしろ彼らにとって、いまだ知恵に到達していないという自覚を保つ者こそが真の哲学者なのである。だから『自省録』を読むとは、その本文の表層を踏査して、ストア派の教説の痕跡を確認したり、場合によっては正統ストア主義からの逸脱や折衷を指摘して、思想史の座標上にマルクスをはめ込んでみたりすることではないと思う。たしかに現行のテクストが（ある程度のまとまりをもち、クリュシッポスのように「断片」ではないとしても）ストア派の教説を体系的に述べた「著作」としては不完全であることは認めなければなるまい。だが読者としては、むしろ一見無秩序で雑多なテクストの集積の底に反復する主題を摑み出し、それが少しずつ転調され変奏されている様を聞き取ることが重要ではないか。『自省録』の本文がどうやって生み出されたのかを推測しながら、まさに書物が誕生する瞬間に立ち会うこと——これこそ、哲学史上他に類を見ない不思議なジャンルに属する『自省録』を味わう醍醐味ではないだろうか。

霊的読書から霊操へ

アドはこうした『自省録』に見られる「精神的訓育」(exercices spirituels)の要素を、単にストア派のみならず、ヘレニズム各学派に共通する理念として古代後期の哲学を理解する座標軸のひとつに据えている。そして読むこと、書くことのもつこうした修養的要素は、やがて初期キリスト教や修道院の思想の中にストア哲学が影響を与えていく過程で取り込まれ、聖書解釈の手法と重なることによって「霊的読書」(lectio divina)と呼ばれる伝統の形成に寄与することになる。それは西欧中世を貫通して、やがてスペイン神秘主義の系譜の突端、イグナチオ・デ・ロヨラ(一四九一頃－一五五六)にまで及ぶ。彼の『霊操』(*Exercitia Spiritualia*)は自身の神秘体験をもとに修道者の霊的訓練を図るもので、その明快な体系化はその後のキリスト教会の霊性にも大きな影響を与えたのである。

不審者を尋問する

そう、筆者も今こうして『精神の城塞』という本を書いている。より正確には、締切に追われながら編集者の催促に怯え、必死の形相でパソコンの画面に向かってキーを叩いている。出版を前提にしているから読者の便宜も配慮するし、多少は売れ行きのことも気にかかる。精神的な余裕はまったくない。それにしても、多かれ少なかれ誰しも経験することだろうが、書く行為ほど自分の心中秘かに考えていることを自分の眼前に引き出してみせる行為はほかにあるまい。自分が何を考えているのか、それは分かっているようで実は半透明な心の被膜に覆われている。自己の「内面」とは一見明晰判明なようで、実はかなり怪しい、繰返し吟味と尋問を必要とする正体不明の不審者なのである(エピクテトス『語録』三・一二参照)。

わが宗匠・井上忠(一九二六―)は、哲学は「刻み」であって「描き」ではないことを標榜し、世界観や人生観をまことしやかな理論や学説として平板に「描く」ことを断固として排した。それは巷間でも講壇でも漠然と共有されていた従来の哲学のイメージへの痛烈な破産宣告でもあったのだ。後年、東京大学の定年退官と相前後して(それは私の助手時代とも一部重なるが)、独自の「言語機構分析」を武器に「唯一回性」という未踏の領野に踏み込み、自己の思考をナマの生活現場へと晒し、現実が発する鼓動を聴診し続けた。「刻み」とはまさしく鑿《のみ》で彫像を刻み出す彫心鏤骨の作業であり、師がとりわけ好んだ比喩でもある(ただし彫刻家の比喩はプロティノス『美について』I.6.9.8に遡る歴史をもつ)。井上の常套を超えた奔放でしかも繊細な言語空間の構築は、演習と宴席で同僚や賓客を交えての丁々発止の談話とともに、おそらくはひとり孤独のうちに沈潜して書き綴る行為を媒介しなければとうてい達しえなかった境涯であろうと、今にして思う。

第五章　謎の第一巻をどう読むか

——徳目の博物館・回想と自伝

一変するテクストの風光

『自省録』を初めて(つまり最初のページから順を追って)読む読者は、第一巻の冒頭から、マルクスの家族や教師たちの肖像が立ち並ぶ回廊をしばらく(文庫版で一二頁ほど)歩かされることになる。皇帝の伝記を知らなければ、さして興味のない「紳士録」に見える。真面目な読者なら、人名に付された訳註をいちいち参照しながら読み進むのに、かなり時間を取られるだろう。家族や教師たちの一人一人に対して信頼と感謝を表明する態度に皇帝の高潔な人格を読み取って感動を禁じえない実直な読者もいれば、いささか偽善的な説教臭さを感じて眉を顰《ひそ》める懐疑的な読者もあろう。そして第二巻に入ったとたんに、テクストの風光は一変する。そのとき読者は誰しも異様な印象を受け、あの第一巻は一体何だったのだ？　と改めて疑問を抱くのではあるまいか。

一五年ほど前、初めてロンドンのナショナル・ギャラリーを訪問した時の失敗談。勇躍《ゆうやく》かの有名な美術館に足を踏み入れた。予想よりもかなり小さい。重厚な回廊には、エリザベス一世やシェイクスピアなどチューダー朝から始まって近代の英国史を彩る著名人の肖像がずらりと両側に並んでいる。教科書で見た肖像がいくつもあってまことに壮観、いささか興奮を覚えた。だが三階まで見て、たったこれだけ？　それなりに面白かったが、失望を禁じえずに裏口から出たら、何と目の前にナショナル・ギャラリーが立っていた。私がいたのは、隣接するナショナル・ポートレート・ギャラリーだったのである。

謎の紳士録

初学者が『自省録』を読む場合、第二巻から始めて全体を通読した(もしくは相当量を読み進んだ)後に、改めて第一巻に戻る読み方を、筆者は勧めている。マルクスの「思想」を解説する際に、第一巻の内容はほとんど無視されるが、逆に彼の「生涯」について語る場合は、ユリウス・カピトリヌスによるマルクス帝の伝記(『ローマ皇帝群像』)と並んで必ず言及される。だが果たしてこれは彼の「自伝」なのだろうか。内容・構成の両面で他の巻と異なった相貌をもつ第一巻は、後続の第二—一二巻とは明らかに成立の事情が異なるようだ。第一巻は何を意図して書かれ、しかもなぜこれが著作の冒頭に置かれたのだろうか。従来から研究者の多くは、第一巻が第二—一二巻に先立って(つまり現行の本文の順番で)書かれたとは考えていない。つまり『自省録』は第一巻から順番に読まれる必要は必ずしもないのである。では第一巻が現在のように著作の冒頭に置かれたのは、マルクスの没後、匿名の編集者の手によってなのか。そうだとしてもこうした編集は何を意図してなされたのだろうか。

一見何ということもない退屈な紳士録は、『自省録』という書物の成立を考えれば考えるほど、深い謎に思えてくるのである。本章では、第一巻をどう読んだらよいか、最近のR・ラザフォードの画期的な研究(R. B. Rutherford, *The Meditations of Marcus Aurelius: A Study*, 1989)を主な手引きとしながら、この問題を考えていきたい。ラザフォードは研究書の二章分(分量にして三分の二)を第一巻の背景と本文研究にあてている。ローマ文学史に関する該博《がいはく》な知識とテクストの精密な読解にもとづいて、これまで『自省録』がもっぱら哲学と歴史の研究対象とされてきたのに対して、文芸批評の観点から著作の意図と性格に考察を加えているのが特徴である。

第一巻の特徴

さて第一巻は全巻のうちで最も短い。全一七章からなるが、各章はマルクスの家族、教師、友人のそれぞれ一人ずつに割り当てられ、少しずつ長くなっていく。彼らから何を美徳として学んだかが語られ、養父アントニヌス・ピウスへの長大な讃辞で頂点に達し、最後に神々から受けた恩恵についても述べられる。一読しただけでは、寄せ書きのように個人的な思い出が書き連ねられているだけに見える。だが何度か注意深く読み返すうちに、いくつかの特徴が浮かび上がってくるだろう。

まず、ここに並べられている人物はきちんとした前後関係をもっており、順番を入れ替えることはできない。つまり最も身近な両親・親族から始まり、幼少期の教育から、哲学・文芸を含む中・高等教育へ、学識ある友人たち、そして養父へと至る。つまり彼の前半生」の精神的成長と、それに伴って影響を受けた順に並べられていることは明らかである。

第二に、各人には(彼が深く感銘を受けた)特有の美徳が対応している。しかも「お一人様一品まで」のように限定されており、悪影響や反面教師としての役割には一切言及されない。またその記述はいずれも簡潔で、具体的な事件や逸話は少ない。動画ではなく、いわば静止画像なのである。

第三に、これらの徳目は、相互に重複しないように慎重に語彙が選ばれている。そしてある主題を架橋にして、つまり「金を使う」話が第三章から第四章へ、教育の話題が第四章から第五章へ、家族への愛情が第一三章から第一四章へ、率直さの徳が第一四章から第一五章へ、という具合に、自然に話題が転調するように流れてゆく。ちょうど太陽光線をプリズム分光器にかけるように、連続しつつ徐々に色合いが変化してゆく過程なのである。

第四に、神々からの恩恵を語る最終章(第一七章)は、もう一度、短いが新たな分節が見られる。ただしこちらは人名の順ではなく、妻子、財産、健康、勉学、性、などマルクス自身の側から見たトピックが並ぶ。しかも成績不良や恩師との葛藤、病気など、危機や欠陥も垣間見られる。こうした負の経験も含めて人生を回顧するがゆえに、人事を超えた神々と運命の扶助を実感するに至るのである。

以上の点を勘案すると、どうやら当初の予想に反して第一巻は、単に親族や恩師が思い思いに並んだ集合写真ではなく、明確な構成を意識した完成度の高い叙述になっているようである。次にこの第一巻の内容を章別にまとめて図示してみよう(P. Hadot ed., *Marc Aurèle, Ecrits pour lui-même*, Tome 1, Budé, 1998, pp. XLII, XLV を参考に筆者が補足した)。

第一巻の構成

一、両親・祖父(一―四章)
(イ)祖父アンニウス・ウェルス、円満と温和(一)
(ロ)実父アンニウス・ウェルス、節度と男気(二)
(ハ)母ドミティア・ルキラ、敬虔と質素(三)
(ニ)曾祖父カティリウス・セウェルス、家庭での教育(四)

二、教師たち(五―一一章)
A 初等教育(五―六章)
(イ)家庭教師、禁欲と専心(五)
(ロ)ディオグネートス、哲学への手ほどき(六)
B 哲学者(ストア派の人々)(七―九章)
(イ)ルスティクス、自己鍛錬の必要とエピクテトスの紹介(七)
(ロ)アポロニオス、自由と平静の態度、教育と友情(八)
(ハ)セクストゥス、自然に即した生活、信条の発見(九)

C　文芸教育（一〇―一一章）

（イ）文法学者アレクサンドロス、言葉遣いと粗野な人への配慮（一〇）

（ロ）修辞学者フロント、宮廷の人間学（一一）

三、友人たち（一二―一五章）

（イ）プラトン派のアレクサンドロス、対人関係と義務（一二）

（ロ）ストア派のキンナ・カトゥルス、友情・師弟愛・親愛（一三）

（ハ）ペリパトス派のクラウディウス・セウェルス、真理と正義への愛（一四）

（ニ）ストア派のクラウディウス・マクシムス、克己の精神、率直さ（一五）

四、帝位の模範、養父アントニヌス・ピウス帝の人柄（一六）

五、神々からの恩恵（一七）

神々からの恩恵（第一七章）の下位分類

一、両親・親族（第一節、ただし岩波文庫版には節番号の表示がない。）

二、誤りに陥らなかったこと（第二―四節）

A　家族との摩擦（二）

B　青年時代の純潔（三―四）

三、養子関係の幸運（第五―六節）

一五、神々と運命の扶助、まとめ(二三)

不在の人々

たしかに第一巻には自伝とおぼしき要素もあるのだが、それはユリウス・カピトリヌスによるマルクス帝の伝記とは決定的に違っている。カピトリヌスの伝記には、出所不明のゴシップが多くてそれなりに面白いが、史実としての信憑性に関しては現在の目からみると多くの欠陥がある。だが、いずれにせよ「伝記」である以上、それはあくまで「事実」を記載しようとする意図に貫かれていることに変わりはないだろう。だが両者を対照して見ると、第一巻のリストに登場しない大物が少なくも二人いることに気づく。ハドリアヌス帝とヘロデス・アッティクスである。

ハドリアヌスに対するマルクスの立場については、これまでにも色々な推測がなされてきた。マルクスの資質をいち早く見抜いて帝国の後継者に抜擢したのは他ならぬハドリアヌスであった。しかも彼が没したのはマルクスが一七歳の時。当然記憶は鮮明なはずであるし、自ら即位後にルキウスを共治帝に据えたのも、ハドリアヌスの遺志を尊重しての措置であった。だが悪名高い晩年のハドリアヌスの陰湿で凶暴な性格は、とうてい若きマルクスが敬愛する対象ではありえなかったかもしれない。ピウス帝の徳が強調されればされるほど、先帝ハドリアヌスの遺徳は隠れてしまうのである。

ヘロデス・アッティクスは、マルクスのギリシア修辞学の教師として名前が挙げられている(カピトリヌス『マルクス伝』二)。「第二ソフィスト時代」とも称される紀元二世紀のローマでは多くの弁論家が活躍した。ポレモン、テオドトス、アレクサンドロス、ヘルモゲネス、アリステイデス、ハドリアノスといったソフィストたちはマルクスと交流し、現にマルクスも彼らの講演にたびたび出席したらしい。その中でヘロデスは中心的役割を果たしていたようである。一七六年、マルクスがアテネで哲学と弁論術の欽定講座を創設した際、プラトン派、ストア派、ペリパトス派、エピクロス派から代表を選出する人事をヘロデスに一任し、また彼の講演を「政治的弁論の精華」と呼んで賞讃した（ピロストラトス『新ソフィスト列伝』二・五六七）。もっとも修辞学の教師と哲学の教師とは、マルクスをめぐって綱引きをするような緊張関係にあった。ヘロデスに対するマルクスの評価がいかなるものであったか、その真意はなお微妙であるが、いずれにせよ第一巻の人名録はマルクスの交友関係の「事実」をすべて網羅したものではなく、もっと形式的な整合性を優先したリストだったのではないだろうか。

後続する巻からの証言

第一巻では（第一七章を除けば）自分については語らない。後続の巻に頻出する「君は」という二人称の呼びかけも見られない。だが第一巻のもつ意味は、実は『自省録』の他の箇所に様々な仕方で示唆されているように思われる。

君は今日まで神々に対してどんな態度をとってきたか。親たち、兄弟、妻、子供たち、先生たち、家庭教師たち、友人たち、親類、召使たちにたいしてはどうか。今日まですべての人々に対して

「なんぴとにも悪しざまにおこないもせず、いいもせず」(ホメロス『オデュッセイア』四・六九〇)のごとく振る舞ったか、君が何を経験してきたか、何に耐えたかを思い起こせ。また君の人生の物語はもはや完了し、君の奉仕は済んだのだということを。さらに君がどれだけ美しいものを見、どれだけの快楽と苦痛をものともせず、どれだけの名誉を無視し、どれだけの不親切者を親切をもって遇したかを思い起こせ。(五・三一)

第一巻の内容はまさにここでの自戒の実践なのである。マルクスはどうやら、家族や恩師に対して自分の人生で影響された様々な恩恵を語ることを一種の義務と考えていたらしい。死の切迫の意識のゆえである。しかもそれは、事実問題として自分の病弱を体験するのみではなく、ストア的な生の規則を実践するために、あえておのれの死を思い描くよう、わざわざ意識的に死を引き寄せているとも言える。その意味では、すでに他の巻に見られるストア哲学の「規則の実践」が第一巻の特異な記述を然らしめているのであって、第一巻は後続の巻と不整合のように見えながら、にもかかわらず、むしろある種の必然性をもって全巻の中に置かれているのである。

君が自分に楽しい思いをさせてやりたいと思うときには、君と一緒に生活している人々の長所を考えてみるがよい。たとえばこの人の精力的なこと、あの人の慎み深さ、あの人の物惜しみせぬ心を。なぜならば徳の姿が我々とともに生きている人々の性質の中に現れていることほど、しかもそれができるだけ大勢の中に現れていることほど喜ばしいことはない。であるからこれらの姿をつねに眼前に彷彿させる(procheira)べきである。

（六・四八）

『自省録』には著者の孤独の影が濃い。自分の周囲にいる人間は、もはや寛容と忍従の対象であり（二・一）、「君の仲間として運命づけられた人間を愛せ、ただし心から」（六・三九）という訓戒は、あくまで理念であって、現に円滑な人間関係が成就しているという事実とは距離があるだろう。とはいえ、マルクスの試みは単に義務であるばかりか、大きな喜びでもある。ストア派の目指す徳目が、単に抽象的なお題目ではなく、実際に身近な人格のうちに生きて見られるようにすること——このためにこそ第一巻は書かれたのである。

活動の停止、つまり傾向性や判断の休止はちょうど死のようなもので、いかなる悪でもない。今度は人生の各段階に目を転じてみよ。たとえば幼年時代、少年時代、成年時代、老年時代など——以上における変化はそれぞれ一つの死である。ここになにか恐ろしいものがあるだろうか。今度は君が祖父のもとで送った生活に目を移してみよ。次には母のもと、次には（養）父のもとで過ごした生活。そこに多くの他の破壊や変化や停止を発見して自ら問うてみよ、「ここになにか恐ろしいものがあるだろうか」と。否、同様に人生全体の終局と休止と変化の中にも全然ないのである。

（九・二一）

『自省録』が彼の五〇代、北方の陣営において執筆されたと一般に推測されているものの、それ以上の特定は難しい(詳細な考証はRutherford, pp. 45-47)。だが第一巻の名簿に挙げられた人物は、その多くが当時すでに没していたと推定される(op. cit., p. 123)。そうだとすれば、ここには存命の人物に対する頌詞《しょうし》(eulogia)ではなく、故人の追憶(memoria)の雰囲気が濃厚であろう。

あらゆることにおいてアントニヌスの弟子として振る舞え。理性にかなった行動に対する彼のはりつめた努力、あらゆる場合におけるむらのない心情、敬虔、晴れやかな表情、慈愛、虚栄心のなさ、物事を正しく把握しようとする熱意――これらを思え。……以上のことを思い、君も彼にならっていつ最期の時がやってきても良心が安らかであるようにしておけ。(六・三〇)

引用を省略した部分には、ピウス帝への賞讃が具体的に述べられている。だがこの断章と、第一巻一六章はどういう関係にあるのだろうか。ラザフォードは、賞讃の動機として六・四八がいわば「種」であり、六・三〇は素描であって、より完成度の高い一・一六に先だつと断定している。ただし、だからといって、第一巻全体が他の全巻よりも遅く書かれたとか、実は末尾に来るはずだった第一巻が誤って冒頭に置かれたという想定(ニスベットの説)には根拠がない。

皇帝たちの自伝

ではマルクスは、親族や恩師友人による徳目表をいかなる構想のもとに書くに至ったのだろうか。それには、皇帝の伝記と皇帝の自伝について、いささか文学史的背景を探ることが必要である。

ローマの有力な政治家や将軍は、軍事・政治に関する自分の業績を書き残すのを常とした。こうした習慣は共和政末期の政治家にまで遡る。キケロ（『アッティクス宛書簡』二・一―二）やカエサル（『ガリア戦記』）はよく知られているが、グラックス兄弟、スッラなどにも例がある。アウグストゥスは有名な『業績録』（*Res Gestae*）以外にも浩瀚《こうかん》な自伝を残し、そのうちかなりの部分がスエトニウスの『皇帝伝』のなかに伝えられている。歴代のローマ皇帝（ティベリウス、ドミティアヌス、クラウディウス、ウェスパシアヌス、トラヤヌス、ハドリアヌス）や側近の将軍（アグリッパ、コルブロなど）も先例を踏襲して様々な戦記を遺している。だがこうした著作がほぼ例外なく自らの壮大な業績を誇り、政策を正当化しようとする意図にみちているのに対し、マルクスの場合こうした傾向とは全く対照的である。自己を誇示する代わりに、自己に対する譴責《けんせき》に充ちているからだ。

後続の第二―一二巻では、特定の日付のある事件にはほとんど言及されない（例外と思えるのは「蜘蛛は蠅を捕まえて得意になる。あるひとはサルマティア人を捕まえて得意になる。みな盗人ではないか」一〇・一〇）。毎日の具体的な経験についての描写もなく（これも例外と思えるのは「君は見たことがあるだろう、手または足の切断されたのを、また首が切り取られて残りの肢体から離れたところに横たわっているのを」八・三四）、すべては幾分か抽象化されている。行軍や旅程なども出てこない。事実や感想を時間順に並べる「日誌」とは明らかに異なるのである。「マルクス帝は極めて少食で胃が弱く、常備薬を処方していた」(ディオ・カッシウス、七二・六・三)という記事に対応するような、自分の健康状態についての言及もないが、第一巻では「夢を通じて吐血と眩暈の薬を知らされた」(一・一七・二〇)という述懐を吐露している。

徳目の博物誌

祝典に際して本人を前にして行われる「頌詞」(enkomion)あるいはその逆に法廷や議会での「弾劾」(psogos)は弁論の歴史と共に古い。それが次第に発展して伝記や人物紹介へと発展していった。クセノポン『アゲシラオス』やイソクラテス『エウアゴラス』は現存するその最古の例だが、いずれも単純な讃美で構成されている。それに対して後代のプルタルコス『対比列伝』やタキトゥス『年代記』は一方的な讃美ばかりでなく、かなり辛辣な批判を含むが、いずれにせよこうした文学類型の延長上にあったのである。

マルクスが養父のピウス帝についてかなり長い筆を費やして讃辞を呈している(六・三〇、一・一六)のは、無論ピウスの伝記を書くのが目的ではないにしても、その描き方を他の伝記作家の手法と較べることで、特質が浮かび上がってくるだろう。プルタルコス(四六?―一二〇?)やタキトゥス(五五?―一二〇頃)は歴史家として単純に史実を記録するばかりではなく、人間の性格の研究に強い関心を抱いていた。彼らが時として偶像破壊とも思える逸話や伝承を引用するのは、何も醜聞によって面白おかしく脚色しようとするためではなく、そうした挿話が何よりも当人の人柄・性格を照らし出すからなのである。

アリストテレスの倫理学は、ポリス社会が伝統的に育んできた徳と悪徳の本質・形成・分類に関して一貫した図式を提供した。これを継承したペリパトス派のテオフラストス(前三七二頃—前二八八頃)はその『性格論』において卓抜な人間観察の冴えを見せ、徳(というより主に悪徳)が具体的にどういった行動として現れるかを巧妙に描いてみせた(『人さまざま』森進一訳、岩波文庫)。とはいえ、これらはまだ匿名の人物による行為の「典型」にとどまっている。

これに対してローマ人は、歴史上の人物によって徳が具現化されるのを好んだ。弁論家は何よりも実例(exempla)を挙げるべきことを、キケロ(『ブルートゥス』三二二)もクインティリアヌス(『弁論家の教育』一二・二・二九)も強調している。ある徳目の顕彰は、同時にそれを担った歴代の偉人たちの物語であり、つまりは愛国的なローマの讃美と表裏一体をなすのである。リヴィウスやタキトゥスは、勧奨であれ抑止であれ、こうした道徳的な価値を常に意識しながら歴史を描いているのであり、彼らの描く人物が時として紋切型になりがちなのはそのためでもある。いずれにせよ偉人伝は単なる過去の顕彰では終わらない。懐旧の念はそのまま現在の状況に対する批判や訓戒となって、教育的な意味を帯びてくる。こうしてローマの歴史は、必ず倫理を同伴しているのである。

哲学者の伝記

哲学の領域でも似た事情がある。風刺作家の目から見れば、倫理を説く道学者こそ実は胡散臭く偽善の仮面をかぶった俗物に映る。こうした辛辣な批評は、とりわけあからさまな反俗を誇示する犬儒派に向けられた。エピクテトスは同時代の犬儒派を「敬虔を欠いた恥ずべき者、愛嬌や機智に欠け、シノペのディオゲネスとは無縁な者たち」として痛烈に批判した(『語録』三・二二、『提要』四七)。また作家ルキアノス(一二〇頃—一八〇頃)は「陰気で恥知らず、ヘラクレスを真似た戦士気取りで、どんな時でも自分が絶対に自由であると信じている大馬鹿者」として諸学派の中で最低の値段をつけている(「哲学諸派の売立て」山田潤二訳、『本当の話』ちくま文庫)。

とはいえストア派の圏内では、開祖ゼノンやソクラテスの伝記は真の哲学者の姿を伝える模範として尊重された。プラトンの対話篇はとりわけソクラテスの記憶を伝える史料として重視され、その言行は単なる賞讃のみならず、哲学者のあるべき理想とされるようになった。エピクロスやピタゴラスなどは、当然それぞれの学派で開祖として崇拝されたが、卓越した教師たちも尊崇《そんすう》の対象となった。ペルシウスはストア派のコルヌトゥスの教えを彼に捧げた詩の中に書きとめているし、セネカも自らの師ファビアヌス、セクスティウス、ソティオン、アッタロスの事績にふれている(『書簡』一〇〇、一〇八)。

エピクロス派の書物の中には、有徳の生涯を送った古人の中の誰かを絶えず念頭に思い浮かべてい

ること、という教えが載っていた。（一一・二六）

古代の著作家たちは、こうした方法の持つ教育上の効果を認識していた。「知人の徳を思い出し」(六・四八)、「アントニヌスの弟子として何事も行え」(六・三〇)という自戒の言葉は、この点でマルクスがセネカと軌を一にしていたことをよく示している。『自省録』第一巻は、このように有徳の先人を顕彰するローマの文学的伝統と、倫理的な規範を観照する哲学的な方法とが結合した結果だったのである。

マルクスの「告白」？

さて『自省録』第一巻をマルクスの「自伝」と考える場合、いささか時代と文脈を異にするものの、アウグスティヌス『告白録』と対照されることが多かった。自分の生涯を回顧し、周囲の人々との精神的な交流を回顧しながら、神からの恵みを感謝の念をもって書き綴るという意味で、そこには類似した特徴が見られるからである。またアウグスティヌス『告白録』においても、長大な自伝の部分(第一―九巻)に対して、後続する巻、とりわけ『創世記』解釈の部分(第一一―一三巻)がいかなる関係にあるかは常に重大な解釈上の問題であった。

しかし他面で大きな違いもある。アウグスティヌスが『告白録』を執筆したのは、故郷アフリカに戻り、ヒッポの司教となった直後、四〇代半ばの三―四年間であったと推測されている。その回想はあくまで自分自身の回心を頂点とした前半生に限定されており、神の救済の業がアウグスティヌスという一個人の生を通じて具体的に成就した、という視点を一貫して保持している。つまり彼の前半生はあくまでひとつの舞台に過ぎず、そこでの真の主役は神(もしくは神の言葉)なのであった。またアウグスティヌスの場合、(母モニカや師アンブロシウスら)人間の徳目を語る以上に、自らの蹉《さ》跌《てつ》や迷妄、逃避といった人間の側の弱さや罪を自覚的に深く抉《えぐ》り出す点に特徴がある。こうした陰の部分を強調することによって、いわば逆照射される形で神の恩寵が強烈な光源として輝き出すからである。

マルクスの場合、こうした強烈なコントラストをもった叙述とは無縁である。むしろおのれに切迫する死を強く意識することによって、ストア哲学の逆説を、単なる出来合いの教説としてではなく心底から直観するための、「永遠の相のもとに世界を眺める」視点を開拓するための訓育であったように思われる。たしかに第一巻でマルクスは直接自分については語らない。二人称の「君は」という呼びかけも見られない。だが家族や師友のうちに輝く生きた徳を想起し、神や運命に思いを馳せることによって、自己と宇宙自然の同型性を直観しようとする。その意味では、たしかに間接的ながらも自己について語っているといえるかもしれない。

エピローグ——未来の『自省録』

世界中から動画を個人が投稿できることで昨今にわかに注目を集めているYou Tubeであるが、本書を執筆中(二〇〇八年八月)に、「もしや」と思って試みにMarcus Aurelius, Marc Aurel, meditationsなどと検索してみた。すると、驚くべきことに(いやむしろ当然かも知れないが)数十件にも及ぶ様々な動画が配信されていたのだ。

バーチャル大学でのストア哲学の講義風景、ローマのアウレリウス円柱を見上げる映像、エフェソの美術館にあるマルクス像を俯瞰《ふかん》する動画などは、映像資料としても一見の価値がある。だが何といっても面白かったのは、様々な趣向の凝らされたサイトである。例のマルクスの騎馬像(静止画)を背景に『自省録』が朗読されるサイト(一巻につき数十分はかかる。全部は見ていない)、また「私の好きな言葉」として『自省録』からいくつか引用された言葉の字幕が、バロック風の弦楽曲と「癒し系」の風景写真を背景に、静かに流されるヒーリング・サイト(?)もある。最新のCG技術を駆使して、マルクスの像が瞬きしながら口を開けて『自省録』を喋り出す動画には、失笑を禁じえなかった。今のところまだ英語だけのようだが、やがて数年を経ずして、各国語でもこうした新しい試みが競い合って広がっていくことだろう。

学生が教室に持参するのは、ほぼ全員が電子辞書、携帯電話を持っていないのは(年配の)教授だけ、学会発表はパワー・ポイント、というご時世である。グーテンベルク以来の印刷冊子本という「書物」の標準的な形が、電子媒体の出現と通信技術の進歩とで、いまや大きく変貌しつつある。書物としてだけでなく、様々なメディアの中で『自省録』が読まれていくのも無理はない。ジョージ・ロングの古典的な英訳のテクストは全文インターネット上からダウンロードできるようになった(http://classics.mit.edu/Antoninus/meditations.html)。

たしかに電子テクストの利点を生かした「複合的な用語の検索」といった純粋に学術的な研究は、すでに他の古典作家についてもなされつつある。とはいえ『自省録』の場合、単なる学術書や哲学書では思いもつかない(その意味で「素人」的な)利用のされ方が、ほかに幾らもあるのではないか。YouTubeのサイトには『自省録』の読まれ方の新たな可能性を予感させるものがある。とはいえこれらがどういった思想的な邂逅《かいこう》を生むのか、その帰趨《きすう》はなお容易には見極め難い。

本書は『自省録』をストア派の教説の集成(もしくは初期ストア派の標準的な定式からの逸脱の度合い)としてだけではなく、エピクテトスによってストア哲学の理念とされた「生の規則」がどのように実践的な場面に活用されているか、その訓育として読もうとする視点を紹介した。

ストイックな生き方とは、一般に誤解されている「禁欲主義」――単純な処世術、個人的な趣味、体育会的な蛮行、非合理な精神論、道学者のお説教――のいずれでもない。自己の抱く表象に対して誤った同意を与えないこと、つまり自己欺瞞に陥らないための知的な訓育、そして他者に過剰に依存することなく、円満で適切な人間関係を築いていくための対人的な訓育をも含むものである。もっとも今や「禁欲」やら「修養」ほど反時代的な思想はないだろう。すべからく技術開発は、人間の欲求を向けるべき領域を自己制御するのではなく、それを達成する手段を提供することで「人類の福祉と進歩」を標榜する。だが次第にそれは、寝た子を起こすように、われわれのうちで眠っていた(不必要な)欲望を焚きつけて留まるところを知らない。家電製品は年々進化するけれど、どれを押してよいのか分からない針の山みたいなボタンがついたリモコンは、こうした技術の逆説の象徴である。

「人間というのは限られた存在であって、人間を超えるべきものへの認識、それを明確にしていかねばならない」「欲望の限界をわれわれに教えるものとして何を採用しなければいけないのか、何を作ればいいのか……これがおそらく、戦後の日本社会の中での本質的な問題だ」(村上陽一郎『科学史からキリスト教をみる』創文社、二〇〇三年、一四五、一四七頁)。

まさしくその通りだと思う。いな、日本だけではあるまい。急速な経済成長のもとで拝金主義が蔓延する隣国は、いまや未曾有のモラルなき巨大な大衆社会へと変貌しつつある。ではストア派の思想が、過去の珍奇な逆説にとどまらず、現代に活きる道はどこにあるだろうか。そのヒントはやはり

『自省録』の中に見られると思う。

いかにすべてがすべて生起することの共通の原因となるか、またいかにすべてのものが共に組み合わされ、織り合わされているか、こういうことを常に心に思い浮かべよ。　（四・四〇）

この主題は『自省録』の他の箇所にも反響している(六・三八、七・九)。アドはこうした洞察を、ルナンのように科学的合理性によって基礎づけようとするのではなく、各人の実存的な体験に求めるべきことを示唆し、それを表現する詩の一節を挙げている(Hadot, p. 233, 英訳 p. 141)。

All things
Near and far
Are linked to each other
In a hidden way
By an immortal power
So that you cannot pick a flower
Without disturbing a star

(Francis Thompson, *The Mistress of Vision*, 1966)

なべてのものは
近きも遠きも
みな結びあう。
なじかは知らねど
不死なる力で。
さらば君、ひともとたりと
花をちぎらば
星すら揺らしてしまうのだ。

（拙訳）

To see a World in a Grain of Sand
And a Heaven in a Wild Flower
Hold Infinity in the palm of your hand
And Eternity in an hour

(William Blake, "Auguries of Innocence", in *Complete Writings*, London, 1966, p. 431)

見てごらん、一粒の砂塵のうちに、ひとつの世界を
一輪の野の百合《はな》のうちに、神の国を

掌《て》を広げてみれば、そこには無限
いっときのうちには、ほら永遠。

（拙訳）

ウィリアム・ブレイク（一七五七―一八二七）の詩は短編ながら彼の代表作ともいえるもので、ロンドンのセント・ポール寺院地下の墓碑にも刻まれている。たしかにこうした感受性は、すでに初期のストア派のうちにも胚胎《はいたい》していた。自然学講義の中でクリュシッポスは「ワインの一滴が海とよく混じり合うのを妨げるものは一つもない。その一滴が混合によって宇宙全体に満遍なく広がっていくだろう」と口にしていたという（プルタルコス『共通観念について』一〇七八E、戸塚七郎訳『モラリア』⑬、一九九七年）。もっともプルタルコスは逆にこれを非合理として批判しつつ引用しているのだが、ストア派に対する理解と共感とは、つまるところこうした感受性を共有できるか、つまり、自分自身が「完結した個」としてあるのみならず、同時にマクロ・コスモスを全体とする一個の「部分」であるという事態――これを何らかの仕方で直観できるかどうかにかかっているのである。

参考文献

Ⅰ 『自省録』本文を読むために

(A)邦語訳

現在入手可能な邦語訳は三種類ある。

マルクス・アウレーリウス『自省録』神谷美恵子訳、岩波文庫、一九五六年、改版二〇〇七年。

一番普及している闊達な訳文。本書では神谷訳に準拠しつつ適宜変更を加えた。初版は『ケベスの絵馬』を附して哲学叢書(三五)として刊行された(創元社、一九四九年)。難読箇所の読み方はヘインズの英訳、トラノワの仏訳に依拠することが多い。兼利琢也が最新の研究をふまえて訳注を補訂し、活字も大きくなって面目を一新した。

正確を旨とした専門研究者による訳は以下の二種類。訳語や解説にいずれも特色があって一長一短。自分の好みの文体で読むのがよいだろう。

マルクス・アウレリウス『自省録』鈴木照雄訳、講談社学術文庫、二〇〇六年。

鈴木訳は『世界人生論全集2』(抄訳、筑摩書房、一九六三年)や『世界の名著⑬ キケロ/エピクテトス/マルクス・アウレリウス』(中央公論社、一九六八年)を経て再刊された。

マルクス・アウレリウス『自省録』水地宗明訳、西洋古典叢書、京都大学学術出版会、一九九八年。ストア派の専門術語を考慮した正確な訳文、豊富な註釈、細かい節番号の付与などを特徴とする。

それ以外の古い邦語訳には以下のものがある。

アウレリウス『不動心』草柳大蔵訳、三笠書房、一九八五年。厳密な翻訳ではなく、おそらく英訳本からの翻案。自己啓発に資する人生論としての啓蒙書だが、『自省録』が一般にどう読まれるのか、受容史を考える際には面白い資料となる。

村山勇三訳『瞑想録』(英訳からの重訳)、春秋社、一九二七年。

小林一郎訳『冥想録』(三谷隆正が言及しているが、筆者未見)。

高橋五郎訳『瞑想録』玄黄社、一九一二年、筆者未見。

(B)原典

C. R. Haines ed., *Marcus Aurelius*, Loeb Classical Library 58, Harvard U. P., 1916, revised 1930. ギリシア語原文で読もうとする読者には最も手頃。安価で入手も容易。訳註や索引も簡単だが優れている。ただし対訳の英語は文体が古くて読みにくい。

J. H. Leopold ed., *M. Antoninus Imperator Ad se ipsum*, Oxford, 1908. オクスフォード古典叢書として先駆的な批判校訂版。

P. Hadot ed., *Marc Aurèle, Ecrits pour lui-même*, Tome 1, Introduction générale et Livre 1, Budé, Paris, 1998. ビュデ叢書の旧版(A. I. Trannoy ed., *Marc Aurèle, Pensées*, Préface d'Aime Puech, 1925)を差し替えた新版で、最新の本文校訂と新しい仏訳を目指す。第一巻に関する詳細な序説が、成立史に関する委細を尽くしてい

る。続巻完結後はファルカーソン本に代わる標準版の地位を築くと期待される。

Joachim Dalfen ed., *Marci Aurelii Antonini Ad se ipsum libri XII*, Bibliotheca Teubneriana, Leipzig, 1979.

トイブナー叢書の旧版(H. Schenkl ed., Leipzig, 1913)を差し替えた新版。特に写本伝承に関する詳細な序説(ラテン語)と巻末の用語索引が有用。

(C)註解書

A. S. L. Farquharson, *The Meditations of the Emperor Marcus Antoninus*, edited with Translation and Commentary, 2 vols, Oxford, 1944, revised 1968.

綿密に校訂された原文と英語の対訳、逐語的註解を備えた大部の二巻本で、本格的な研究には欠かせないが、現在絶版。日本の大学図書館でも所蔵しているところが少なく、復刻が待たれる。巻末の索引は網羅的だが、独自の行数表示にもとづき、標準的な巻章への表示がないためにやや使いにくいのが難点。英訳だけはEveryman's Library や Oxford World's Classics (Introduction by R. B. Rutherford, 1989) などの叢書に再録されて容易に入手できる。

T. Gataker ed., Marci Antonini Imperatoris, *De rebus suis, sive de eis quae ad se pertinere censebat*, libri XII, Cambridge, 1652, 2nd ed., London, 1697.

一七世紀に刊行された大型本。ギリシア語本文とラテン語対訳。脚註に、引用の出典など綿密な考証を施した史上初の本格的註解書で、その後の研究の基盤を作った。

水地宗明『注解マルクス・アウレリウス『自省録』』法律文化社、一九九〇年。

ゲイタカー、ファルカーソンなど欧米の研究をふまえて逐語的に註解を付した、唯一の本格的な邦語研究書。並行箇所への参照や原語のニュアンスなど細かく読む際にきわめて参考になる。訳文は西洋古典叢書の翻訳書(前出)で改訂されている。

(D)各国語訳

近代語に関しては英独仏伊などで幾種類もの翻訳が刊行されている。そのうちでも、

George Long, *The Thoughts of the Emperor Marcus Aurelius Antoninus*, London, 1862.

俗に「欽定訳」とも称せられる英語圏での古典的な訳。電子テクスト版としてインターネット上からもダウンロードできる(http://classics.mit.edu/Antoninus/meditations.html)。

なお英訳の歴史に関しては、ロウブ古典叢書版の編者ヘインズの Introduction, pp. xvi–xx に短評がある。

G. M. A. Grube (trans.), *The Meditations*, Hackett, Indianapolis, 1963.

Robin Hard (trans.), *Meditations* (Introduction by Ch. Gill), Wordsworth Classics of World Literature, 1997.

Martin Hammond (trans.), *Marcus Aurelius Meditations* (Introduction by Diskin Clay), Penguin Classics, 2006.

英訳には様々あるが、比較的最近の標準的な英訳として、アンソニー・ロング教授の推薦する以上の三点を挙げておくにとどめる。

Rainer Nickel, *Marc Aurel, Wege zu sich selbst*, Griechisch-Deutsch, herausgegeben und übersetzt, Artemis & Winkler, 1990.

ドイツの代表的な古典叢書 Sammlung Tusculum の一巻。簡潔だが個性的な訳註が面白い。独訳も数種類ある。

Marc-Aurèle, *Pensées pour moi-même*, Traduit du grec par Frederique Vervliet, Suivi de "Sur Marc-Aurèle" par Ernest Renan, Arlea, Paris, 1992.

註はごく簡単だが、巻末にルナンの解説がついている。フランスではいまだにルナンの影響が大きいこ

とが窺われる。

Marc-Aurèle, *Pensées pour moi-même, suivies du Manuel d'Épictète*, Traduction, préface et notes par Mario Meunier, GF Flammarion, Paris, 1992.

『提要』と『自省録』を合本にしたフラマリオン社の古典叢書。序説には、モンテスキューやテーヌとストア哲学の関係など、フランスらしい視点が盛り込まれている。

Marc Aurèle, *Soliloques*, Traduction et notes par Léon-Louis Grateloup, Classiques de Poche, Paris, 1998.

『自省録』の全訳と、同時代の(ユスティノスやポリュカルポスら)殉教者伝など、ストア哲学とキリスト教との関係を考えるための文書が収録されている。

Marc Aurèle, *Pensées Livres II à IV*, Traduit par Emile Bréhier, Dossier et notes réalisés par Pierre Dulau, Lecture d'image par Christine Cadot, 2008.

翻訳は第二—四巻だけの抜粋だが、読者に問いを投げかけるような長文の註と解説が付されていて、面白い構成。フランス語訳も多数あるが、個性的な体裁の文献が少なくない。

イタリア語訳は、様々な訳者、書店から現在では一〇種類ほどが刊行されているが、そのうちでも比較的普及している版と、新しいギリシア語原典対訳版を二冊だけ挙げておく。

Marco Aurelio, *I ricordi*, traduzione di Francesco Cazzamini-Mussi, A cura di Carlo Carena, Einaudi, Torino, 1943.

Marco Aurelio, *Pensieri*, Testo greco a fronte, a cura di Cesare Cassanmagnago, Bompiani, Milano, 2008.

Marco Aurelio, *A se stesso*, Testo greco a fronte, curato da E.V. Maltese, Garzanti Libri, Milano, 1993, 4 ed., 2006.

以上は筆者が目を通した若干の例について挙げた。網羅的な文献表ではない。英独仏伊以外の、スペイン語などの文献については、今回は十分調査する時間がなかった。

(E)ローマ時代の哲学思想史

A・A・ロング『ヘレニズム哲学――ストア派、エピクロス派、懐疑派』金山弥平訳、京都大学学術出版会、二〇〇三年。

日本語で読める最も標準的なヘレニズム哲学史。ローマ時代には踏み込まないが、その前史として信頼できる叙述が参考になる。

内山勝利責任編集『哲学の歴史2　帝国と賢者』中央公論新社、二〇〇七年。

共同執筆の哲学史。ゼノンと初期ストア学派・中期ストア学派(神崎繁)、キケロ(瀬口昌久)、セネカ(土屋睦廣)、エピクテトス(國方栄二)、マルクス・アウレリウス(荻野弘之)、その他関連したコラム記事がある。

Eduard Zeller, *Die Philosophie der Griechen in ihrer geschichtlichen Entwicklung*, Dritter Teil, erste Abteilung, 5 Auflage, Leipzig, 1925, 7 unveränderte Auflage, Darmstadt, 2007.

哲学史の金字塔ともいえる包括的な古代哲学史。ただしその史観、ストア派への評価、史料批判についてはかなり修正が必要とされる。

John Rist, *Stoic Philosophy*, Cambridge, 1969.

ストア哲学に関する個人論文集。マルクスにふれた箇所は多いが、現在の目から見ると修正を必要とする部分も少なくない。

Mark Morford, *The Roman Philosophers: From the Time of Cato the Censor to the Death of Marcus Aurelius*, Routledge, London, 2002.

ギリシア哲学がローマに輸入されて以降の展開を論じたローマ哲学通史。

Brad Inwood ed., *The Cambridge Companion to the Stoics*, Cambridge, 2003.

ストア哲学の主題ごとに、入門書であると同時に最新の知見を盛り込んだ論集。本書との関連では特にローマ時代を扱った Ch. Gill, The School in the Roman Imperial Period, pp. 33-58 が参考になる。

Thomas Roussot, *Marc-Aurèle et L'empire Romain*, L'Harmattan, Paris, 2005.

マルクスとストア哲学に関する仏語の概説書。

Augusto Fraschetti, *Marco Aurelio, La miseria della filosofia*, Editori Laterza, Roma-Bari, 2008.

マルクスとキリスト教の関係など、同時代の政治的思想的諸問題を広範に扱う最新の研究。著者は刊行前に逝去した。

(F)マルクスの伝記と史書

Anthony Birley, *Marcus Aurelius: A Biography*, Routledge, London, 1966, revised 1987.

厳密な考証にもとづく、最新かつ包括的な伝記。事件の年代や人物の年齢など、本書もこれに準拠した。収録された図版・地図・年譜・家系図などいずれも重要である。

Jorg Fundling, *Marc Aurel, Gestalten der Antike*, Wissenschaftliche Buchgesellschaft, Darmstadt, 2008.

古代人物叢書の一巻。脱稿直前に入手したので、まだ十分検討していないが、バーリー以降の研究を補足するものと思われる。

ユリウス・カピトリヌス「哲学者マルクス・アントニヌスの生涯」南川高志訳、『ローマ皇帝群像1』西洋古典叢書、京都大学学術出版会、二〇〇四年。

『ヒストリア・アウグスタ』のうちの一巻で、マルクスの伝記を考える上では最も重要なローマ時代の史料。逸話やゴシップ記事を多く含む。

カッシウス・ディオ『ローマ史』六九―七九節(E. Cary ed., *Dio's Roman History*, vol. 8–9, Loeb Classical Library, vol. 176–177, 1925, 1927)。

これも同時代の証言として重要な史料を提供する。

C. R. Haines ed., *The Correspondence of Marcus Cornelius Fronto with Marcus Aurelius Antoninus, Lucius Verus, Antoninus Pius, and various friends*, Loeb Classical Library, 1920.

師フロントとの往復書簡(新発見)がすべてラテン語と英語対訳で収録されている。

Amy Richlin, *Marcus Aurelius in Love: The Letters of Marcus and Fronto*, translated with an Introduction and Commentary, The University of Chicago Press, 2006.

マルクスと師フロントの書簡(抜粋)を、伝記としてのみならず、古代の友愛論の一例として分析する。英訳に詳細な註を付した。

ギボン『ローマ帝国衰亡史(一)』村山勇三訳、岩波文庫、一九五一年。

三世紀以降のローマ帝国の通史としていまだに古典的な位置を占める。マルクスの治世から説き起こしている。邦訳は他にも数種ある。

南川高志『ローマ五賢帝』講談社現代新書、一九九八年。

ローマの絶頂期の裏に隠された権力闘争など、政治史を中心に、多数の図版や逸話も盛り込んで描く歴史書。

沢井豊『マルクス・アウレリウス小伝』笹気出版、一九六五年、筆者未見。

Frank McLynn, *Marcus Aurelius: Worrior, Philosopher, Emperor*, Bodley Head, London, 2009.

ナポレオンやジャコバイトの歴史も手がけた著者が広範な史料をもとに最近の研究書を参照しつつ、魅力的な読物を目指した新しい伝記。六〇〇頁を超える大冊。

(G)マルクスとその時代を描いた文学

M・ユルスナール『ハドリアヌス帝の回想』多田智満子訳、白水社、二〇〇一年。

マルクスに先立つ帝政時代の文化の香を伝える。一人称で語る皇帝の「声の肖像」。

塩野七生『ローマ人の物語XI　終わりの始まり』新潮社、二〇〇二年、新潮文庫、第二九―三〇巻、二〇〇七年。

歴史文学のベストセラーとして有名。マルクス伝に関しては、皇后の艶聞やコンモドゥス帝の後継者指名など、従来失政とされた事蹟を弁護する。戦記の部分が詳しく魅力的な読物だが、個々の叙述や史観の問題を指摘する史家も少なくない。

浅野忠夫『偽れる帝座』(鹿野治助によればマルクスを描いた長編小説というが、筆者未見)。

Ⅱ『自省録』各章別参考文献(追加)

プロローグ

ニーチェ『曙光』茅野良男訳、ちくま学芸文庫、一九九三年。

村井則夫『ニーチェ――ツァラトゥストラの謎』中公新書、二〇〇八年。

第Ⅰ部　書物の旅路――テクスト生誕の謎

第一章　生きられたストア主義

A. A. Long, *Stoic Studies*, Cambridge, 1996.
みすず書房編集部編『神谷美恵子の世界』みすず書房、二〇〇四年。

神谷美恵子『著作集9　遍歴』みすず書房、一九八〇年(再版『神谷美恵子コレクション4　遍歴』二〇〇五年)。

『自省録』の訳者がいかにこの書に接したか、証言や写真が興味深い。

ニーチェ『反時代的考察』小倉志祥訳、ちくま学芸文庫、一九九三年。

荻野弘之「生きられたストア主義」『西洋古典叢書　月報六〇』京都大学学術出版会、二〇〇六年。

William B. Irvine, *A Guide to the Good Life: The Ancient Art of Stoic Joy*, Oxford, 2009.

人生で誰しも直面するような問題を取り上げ、ストア派の著作からの引用や解説を交えて、生き方の指針を探る、小著ながら巧みな編集。

第二章　マルクス・アウレリウスの生涯とその時代

Leonard Alston, *Stoic and Christian in the Second Century: A Comparison of the Ethical Teaching of Marcus Aurelius with that of Contemporary and Antecedent Christianity*, Longmans, Green and Co., London, 1906.
マルクスと同時代、二世紀におけるストア哲学とキリスト教の関係を扱う。
エウセビオス『教会史』秦剛平訳、山本書店、一九八八年。

第三章　エピクテトスの思想——ローマ時代のストア哲学

エピクテートス『人生談義』(全二冊)鹿野治助訳、岩波文庫、一九五八年。

「語録」「提要」「断片」の全訳を収録する。本書での引用は鹿野訳に準拠しながら適宜変更を加えた。

鹿野治助責任編集『世界の名著⑬　キケロ／エピクテトス／マルクス・アウレリウス』中央公論社、一九六八年。

「語録」「提要」の抄訳を含む。ただし両書とも長らく品切で、再刊が待たれる。

W. A. Oldfather ed., *Epictetus: The Discourses, Fragments, Encheiridion*, 2 vols, Loeb Classical Library, Harvard U. P., 1925, 1928.

ギリシア語原典でエピクテトスを読む場合、簡便安価で最も入手容易である。

Gerard J. Boter ed., *Epictetus, Encheiridion*, Bibliotheca Teubneriana, Berlin, 2007.

『提要』を読む際の決定版。精密な文献批判をふまえた写本伝承に関する序論、異読を示した脚註、完璧な用語索引などを誇る新版。

Rainer Nickel ed., *Epiktet, Encheiridion*（*Handbuch der Moral*）, Griechisch-Deutsch, herausgegeben und übersetzt, Artemis & Winkler, 2006.

希独対訳の古典叢書 Sammlung Tusculum の一巻。簡潔な註がつくが、異読の脚註はない。

Keith Seddon, *Epictetus' Handbook and the Tablet of Cebes: Guide to Stoic Living*, Routledge, London, 2005.

『提要』に密着した詳細な研究書で、鍵語を図表化したり叙述に工夫が見られる。

R. Dobbin, *Epictetus: Discourses Book 1*, Oxford, 1998.

『語録』第一巻の英訳。詳細な註解と伝記に関する序説を含む。

A. Bonhöffer, *The Ethics of the Stoic Epictetus*, An English translation by W. O. Stephens, New York, 1996.

原書は *Die Ethik des stoikers Epiktet*, Stuttgart, 1894 だが最近の英訳版が普及している。キリスト教的な視点が強すぎるという評もあるが、古典的なエピクテトス研究。

A. A. Long, *Epictetus: A Stoic and Socratic Guide to Life*, Oxford, 2002.

『語録』を中心とする最近の研究成果を取り入れた信頼できる概説書。特にエピクテトスに対するディオゲネスやソクラテスの影響を強調する。

Theodore Scaltsas & Andrew S. Mason eds., *The Philosophy of Epictetus*, Oxford, 2007.

ストア倫理学の国際学会(キプロス、二〇〇一年)の論文集。エピクテトス哲学の多様な側面に関して、最新の研究状況を窺うことができる。

國方栄二「エピクテトス」内山勝利責任編集『哲学の歴史2 帝国と賢者』中央公論新社、二〇〇七年。

近年の研究動向をふまえた、最新の邦語文献。

鹿野治助『エピクテートス——ストア哲学入門』岩波新書、一九七七年。

邦訳者自身による日本語での数少ない入門書。ただし叙述はゆるい。


第四章 ストア派の影響と受容の歴史——賞讃・共感・批判
パスカル「ド・サシ氏との対話」前田陽一訳、『世界の名著㉔ パスカル』中央公論社、一九六六年。

ヒルティ『幸福論(第一部)』草間平作訳、岩波文庫、改版一九六一年。

三谷隆正『幸福論』近藤書店、一九四四年(岩波文庫、一九九二年)。

山本光雄『ギリシア・ローマ哲学者物語』講談社学術文庫、二〇〇三年。

今村仁司編訳『現代語訳 清沢満之語録』岩波現代文庫、二〇〇一年。

今村仁司『清沢満之と哲学』岩波書店、二〇〇四年。

清沢満之「当用日記抄」「臘扇記」『清沢満之全集8』岩波書店、二〇〇三年。

清沢満之『清沢文集』岩波文庫、一九二八年。

トム・ウルフ『成りあがり者』(上下)古賀林幸訳、文春文庫、二〇〇〇年。
ニーチェ『悦ばしき知識』信太正三訳、ちくま学芸文庫、一九九三年。
ニーチェ『人間的、あまりに人間的』(I II)池尾健一・中島義生訳、ちくま学芸文庫、一九九四年。
ニーチェ『権力への意志』原佑訳、ちくま学芸文庫、一九九三年。

第五章　『自省録』という書物(一)——成立の謎・写本伝承・翻訳の歴史

L・D・レイノルズ/N・G・ウィルソン『古典の継承者たち——ギリシア・ラテン語テクストの伝承にみる文化史』西村賀子+吉武純夫訳、国文社、一九九六年。
古典文献学の実際の作業を実例に即して見せてくれる。

第六章　『自省録』という書物(二)——誰のために?　何のために?

Pierre Hadot, *Introduction aux "Pensées" de Marc Aurèle: La Citadelle intérieure*, Fayard, 1992.
仏語が原書だが、英訳の方が普及している。*The Inner Citadel: The Meditations of Marcus Aurelius*, Translated by Michael Chase, Harvard U. P., 1998.『自省録』の構造と影響を論じ、最近の古代哲学史の研究傾向を示す。
Brian Stock, *After Augustine: The Meditative Reader and the Text*, University of Pennsylvania Press, 2001.
古代末期から中世初期にかけて「霊的読書」(lectio divina)の形成過程を論じる。

第七章　補論　皇帝のイコン——目に見えるマルクス像

U. Hommes, *Marc Aurel, Der Reiter auf dem Kapitol*, München, 1999.
マルクス帝の騎馬像をめぐる実証研究。写真図版多数掲載。

第II部　作品世界を読む——自己対話のテクスト空間

第一章　『自省録』のスタイルとその思想

山本光雄／戸塚七郎編訳『後期ギリシア哲学者資料集』岩波書店、一九八五年。

ゼノン、クリュシッポス他『初期ストア派断片集』(全5巻) 中川純男・水落健治・山口義久訳、京都大学学術出版会、二〇〇〇―二〇〇六年。

荻野弘之「古代ギリシア」関根清三編『死生観と生命倫理』東京大学出版会、一九九九年。

荻野弘之「欲望至上主義と禁欲の倫理」関根清三編『講座・現代キリスト教倫理2　性と結婚』日本基督教団出版局、一九九九年。

荻野弘之「ヘレニズム哲学とグノーシス主義」大貫隆他編『グノーシス　陰の精神史』岩波書店、二〇〇一年。

Matthew Arnold, *Essays in Criticism*, 1865, AMS Press, 1970.

第二章　苦悩する魂とその救済——『自省録』の宗教性

E. Renan, *Marc Aurèle et la fin du monde antique*, 1882, repr. Livre de Poche, Paris, 1984.
M. Beard, J. North & S. Price, *Religions of Rome*, 2 vols, Cambridge, 1998.
キース・ホプキンズ『神々にあふれる世界——古代ローマ宗教史探訪』小堀馨子・中西恭子・本村凌二訳、岩波書店、二〇〇三年。

第三章　哲学の理念——観照と実践、規則の変奏

田中美知太郎「マルクス・アウレリウス」『日伊文化研究』一九四四年(『田中美知太郎全集7』筑摩書房、一九八八年)。

戦時中に執筆された先駆的な邦語文献。「哲人王」の理念をめぐるプラトンとの違いを際立たせている。

『思想』九七一号「特集・ストア派の哲学とその遺産」岩波書店、二〇〇五年三月号。

最近の研究をふまえた邦語による論文集。翻訳と書評を含む。

第四章　精神の訓育——想像力の開花・書くことの意味

Pierre Hadot, *Exercises Spirituels et Philosophie Antique*, Etudes Augustiniennes, Paris, 1981.

E・R・ドッズ『不安の時代における異教とキリスト教——マールクス・アウレーリウス帝からコンスタンティーヌス帝に至るまでの宗教体験の諸相』井谷嘉男訳、日本基督教団出版局、一九八一年。

ミシェル・フーコー「自己の技法」大西雅一郎訳『フーコー・コレクション5　性・真理』ちくま学芸文庫、二〇〇六年。

ミシェル・フーコー『主体の解釈学——コレージュ・ド・フランス講義　一九八一—一九八二年度』廣瀬浩司・原和之訳、筑摩書房、二〇〇四年。

井上忠「運命と自由」『哲学の刻み4　運命との舞踏』法蔵館、一九八六年。

イグナチオ・デ・ロヨラ『霊操』門脇佳吉訳、岩波文庫、一九九五年。

近世初頭、スペイン神秘主義の圏域から「霊操」(exercitia spiritualia)という伝統的な修道理念を体系的・実践的な方法に作り上げた典型例。

第五章　謎の第一巻をどう読むか——徳目の博物館・回想と自伝

R. B. Rutherford, *The Meditations of Marcus Aurelius: A Study*, Oxford, 1989.
文芸批評の観点から『自省録』の形式や文体に新しい光をあてた。第一巻の読解について極めて重要な指摘を含む最近の労作。

ピロストラトス『ソフィスト列伝』戸塚七郎・金子佳司訳、西洋古典叢書、京都大学学術出版会、二〇〇一年。
マルクスの同時代、二世紀の学者や弁論家たちの伝記。彼の師でもあったヘロデスやアレクサンドロス、ヘルモゲネス、アリステイデス、ハドリアノスなどがマルクス帝と交流した様子が描かれている。

エピローグ——未来の『自省録』

M・マクルーハン『グーテンベルクの銀河系——活字人間の形成』森常治訳、みすず書房、一九八六年。

ロジェ・シャルティエ／グリエルモ・カヴァッロ編『読むことの歴史——ヨーロッパ読書史』田村毅ほか訳、大修館書店、二〇〇〇年。

Marcel van Ackeren ed., *A Companion to Marcus Aurelius*, Wiley-Blackwell, 2012.

Christopher Gill, *Marcus Aurelius, Meditations Book 1-6*, Oxford, 2013.

ウィリアム・アーヴァイン『良き人生について——ローマの哲人に学ぶ生き方の知恵』竹内和世訳、白揚社、二〇一三年(William B. Irvine, *A Guide to the Good Life: The Ancient Art of Stoic Joy*, Oxford, 2009)。

あとがき

「書物誕生」全三〇冊のシリーズの中で、マルクス・アウレリウスの『自省録』は西洋古代のストア主義の代表選手という役割を与えられている。つまり『自省録』を通じてストア派の哲学にふれる、というのが編集者と書店の目論見であろう。

文庫や叢書のかたちで版を重ねてきた事実が示すように、『自省録』は哲学書の中でも比較的広く読まれ、とりわけ一般読者のうちに熱烈な愛読者を育《はぐく》んできた。半面その通俗性や一見しての読みやすさのせいか、専門家からは軽視され、本格的な研究はかなり遅れていたと言わざるをえない。一九八〇年代以降、欧米で活況を呈したストア派研究復興の中でも、その焦点は主として初期のストア派断片の再解釈に合わせられており、ローマ時代のストア派に照明が当てられるようになったのはようやくここ二〇年ほどのことである。わが国でも田中美知太郎の戦時中の論考や水地宗明の浩瀚な注解書一冊を除けば、日本語での研究文献はほとんど見つからず、日本哲学会、日本倫理学会、日本西洋古典学会といった全国規模の学会での研究発表も寡聞にして知らない。本書がこうした研究の偏りを幾分かでも是正し、古代哲学を理解するための複眼的な視点を提供できれば幸いである。

本書は、読んでくだされば分かるように、ストア哲学を、これまでの哲学史の常套に従って、言語《ロギカ》と自然《ピュシカ》と倫理《エチカ》にまたがる特定の学説や理論の総和として、あるいはその発展や影響として扱うだけではなく、ストア的な生き方の規則をいかにして実践できるか、その処方箋を示した「霊操」(spiritual exercise)の一種として『自省録』を読み、その成立史と影響史を辿るというやり方をとった。ただしこうした視点は何も筆者の独創ではない。本書で何度も言及したR・B・ラザフォード『マルクス・アウレリウス『自省録』研究』(一九八九年)、P・アド『内なる城塞』(一九九二年、英訳一九九八年)、A・A・ロング『エピクテトス――ストア派とソクラテスの生き方への教導』(二〇〇二年)という三冊の研究書に多くを負っている。特にアドの本がなければ、本書はとうてい書き上げられなかった。残念ながらご本人とはまだ面識がないが、本書をあえて同工異曲の『精神の城塞』(典拠は『自省録』八・四八)と題して、謝意を表するゆえんである。

本書は一冊の書物の解説本ではあるが、同時に書きながら常に念頭にあったのは、「哲学することと生きること」の関係、そして「書物を読むこと、あるいは書くこと」のもつ、いわば実存論的な意味、という二つの問題であった。

時代は今やグーテンベルク以来の活字文化から、高速大量の通信網と電子テクストとに媒介された未曾有の情報化時代に突入しつつある。それは新しい文化の可能性を拓く期待とともに、何か取り返しのつかない喪失を惹き起こしかねない不気味な予感をも秘めている。本を手にとってゆっくり読むこと、そして自分の手で書くこと、この人間的、あまりに人間的な経験はいったいどこへゆくのだろうか。

前者の問いは、哲学青年の作文みたいで恐縮ながら、古くて新しい問いである。人文系の学問が現在の大学という知的制度の中で次第に周辺に追いやられている現状は、すでに多くの識者が指摘し慨嘆する通りである。だが哲学や文学の(研究者の)側に、はたして荒野に呼ばわり、時のしるしを告げるような気概と力量がどれだけ備わっているだろうか。それぞれの専門分野では研究が進展し、発表も論文も増産される。英会話の水準も向上著しく、国際学会で台頭する若手研究者も少なくない。もっとも「よく勉強している」姿には感心しても、心底から共感と興奮を覚える研究に巡り合うことは(残念かつ当然ながら)ごく稀でしかない。だがわれわれを棲み慣れた大地から拉致し、哲学という得体の知れない道なき道へと向かわせる初発の経験の核心は何だったのか。古代のストア派を発掘することは、哲学の原初の問いをめぐって、いわば地獄の釜の蓋を開けることになる。

私が師事した先蹤《せんしょう》の一人、井上忠は東京大学の定年と相前後して、独自の「言語機構分析」を武器に、個体性の先にある「唯一回性」という未踏の海峡を踏査した。それは運命と自由をめぐる、若い時からの変わらぬ探究の目標であった。その本領はパルメニデスやアリストテレスであってストア派に言及する機会は全くなかったが、筆者もユスティノスよろしく古代・中世哲学の色々な局面にふれながらいささかの紆余曲折を経た現在、いかに遠く及ばずと言えども、やはり師と同じ問題の前に立ち尽くしているのを感じざるをえない。

本書の執筆を依頼されて以来この数年間、筆者は『自省録』を様々な機会に読み合わせてきた。本務校・上智大学をはじめ、東京女子大学、早稲田大学大学院、東京大学教養学部、京都大学(集中講義)でも取り上げた。それは初年次の学生対象の概説講義、綿密な原典講読、少人数の大学院演習にわたるが、また年配の社会人学生が加わることもあった。そうした折々、老若男女さまざまな立場の聴講者が『自省録』に接して披瀝する読後感は、共感・反発・感動・懐疑いずれも新鮮な驚きに溢れたもので、本書執筆の期間中、筆者にとって常に大きな励ましであり続けた。ストア派の哲学が、虚飾の繁栄に浸りながらその内部に底なしの閉塞感を抱え込んだ今日の社会の中で、いかなる思想的エネルギーを持ちうるか——本書の中には欧米の研究書に学んだ膨大な知見と共に、若い学生諸君との討議や意見交換の中で触発された筆者の小さな発見が埋め込まれている。

なお本書は拙稿「帝国ローマの哲人たち2　マルクス・アウレリウス」(内山勝利責任編集『哲学の歴史2　帝国と賢者』中央公論新社、二〇〇七年、四三八―四六六頁)と重複する部分があり、特に誤りを含む一部の記述を訂正したことを申し添える。『自省録』の研究はまだ緒に就いたばかりで、本書にも多くの誤謬が含まれているはずである。読者諸賢からの忌憚のないご叱正を賜りたい。「真理によって損害を受けた人間のあったためしはない」(六・二一)からである。

最後になったが、本書を機会にローマ皇帝との縁結びをしていただいた編者の一人、内山勝利先生(京都大学名誉教授)に御礼申し上げる。また執筆と取材の過程で、兼利琢也(早稲田大学講師)、南川高志(京都大学教授)、今井正浩(弘前大学教授)、中島隆博(東京大学准教授)、アンソニー・ロング(カリフォルニア大学バークレー校教授)の各氏から幾つか貴重な示唆を頂戴した。脱稿後に離日し、当地でリチャード・ラザフォード氏(クライスト・チャーチ)と面会し、いくつか疑問点を確認できた。ローマで帝政時代の史蹟をいくつか見学したが、イタリア語文献の調査にあたって、ラウラ・マリア・カステッリさん(ピサ高等師範学校)の助力を得た。

また編集段階では、渡英前後の慌ただしい日程のなかで「書物誕生」シリーズ編集部の杉田守康、山本賢、奈良林愛の皆さんにお世話になった。特に杉田・山本両氏は筆者の授業を二度にわたって見学し、学生諸君とともに書物誕生以前の受胎告知の現場に立ち会ってくれた。

二〇〇九年三月一七日(皇帝の命日)

滞在先の英国オクスフォード大学・オリエル学寮《コレジ》にて

荻野弘之

マルクス・アウレリウス関係年譜

（Birley, pp.14, 44–45 に準拠する）

AD121　4月26日：マルクス生(ローマ)，当時祖父ウェルスは二度目の執政官兼首都長官.

122頃　妹コルニフィキア生.

124頃　父没(当時法務官).

126　祖父三度目の執政官.

127　騎士階級に叙される(6歳).

128　軍神マルス祭祀団に加わる(7歳). 初等教育始まる.

132　初めて哲学に魅了される(11歳).

133　中等教育始まる.

136　3月17日：成人式(14歳). ラテン祝祭期間中に首都の長官(名誉職). 15歳の誕生日の後，ハドリアヌス帝の指示で，ルキウス・コンモドゥス(30歳，当時執政官)の娘ケイオニア・ファビアと婚約. ストア派のアポロニオスに会う.

ルキウスはハドリアヌスの養子となり，アエリウス・カエサルと改名. 妹コルニフィキアが従兄アウミディウス・クアドラトゥスと結婚.

138　1月1日：アエリウス・カエサル急死. 2月25日：アウレリウス・アントニヌスがハドリアヌスの養子になり，またマルクス(16歳)とアエリウス・カエサルの遺児ルキウス・コンモドゥスの二人を自らの養子とする. アントニヌスの娘ファウスティナとルキウス婚約.

マルクスはハドリアヌス邸に移住し，会計検査官(139まで). アントニヌス執政官(139まで).

7月10日：ハドリアヌス没. アントニヌス登位. アントニヌスの意向でマルクスはケイオニア・ファビアとの婚約解消. 同時にファウスティナとルキウスの婚約も解消して，マルクスは新たにファウスティナと婚約. ハドリアヌスの神格化を決議. アントニヌスは「ピウス」(慈悲深い)と呼ばれる.

139　マルクスは会計検査官の後，翌年まで執政官(17歳)．「カエサル」の称号授与．パラティヌスの宮廷へ移住．高等教育始まる．コルネリウス・フロントとの親交．

140　ピウス帝と共に執政官(初)，閣議に出席するようになる(18歳)．

143　マルクスの師ヘロデス・アッティクス，フロント，執政官を歴任．

145　ピウス帝と共に二度目の執政官(24歳)．春：ファウスティナと正式に結婚．

146–7　この頃，哲学へ深く傾倒する．

147　11月30日：長女ドミティア・ファウスティナ生．12月1日：護民官特権授与，妻ファウスティナは「皇后」(アウグスタ)の称号授与．

148　ローマ建国九百年祭挙行．

149　双生男児生まれるが，年内に死ぬ．

150　3月7日：二女ルキラ生．

152　妹コルニフィキア没．

153　ルキウス会計検査官．

154　ルキウス執政官．

155　フロントの養子でマルクスの友人ウィクトリヌス執政官．

151–60　この間に数人の子が生まれる．

155–61　母ドミティア・ルキラ没．

161　ルキウスと共に三度目の執政官．3月7日：ピウス帝没，マルクスが皇帝に登位(39歳)．ルキウスを共治帝にする．8月31日：双生男児(アントニヌスとコンモドゥス)生．

　東方で軍事的な危機発生．首都では洪水と飢饉．

162　ルキウス東方に派遣される．息子アンニウス・ウェルス生．

163　アルメニア戦役勝利．

164　エフェソで二女ルキラとルキウス結婚．

165–6　息子アントニヌス没．パルティア戦役勝利．

166　ルキウス帰還．10月：首都で凱旋式挙行．

166頃　師フロント没．

167　ローマで疫病(ペスト？)が流行．北方で軍事危機．

168　マルクスとルキウス北方へ出発，アクィレイアで冬営．

169　1月：ルキウス急死(39歳)．マルクス(47歳)ローマに帰還．ルキラはポンペイアヌスと再婚．アンニウス・ウェルス没(7歳)．
　秋：北方戦線へ戻る．

170頃　末女サビナ生．

170–1　ローマ軍敗北し，ギリシアとイタリアで蛮族が侵入，略奪．

172　蛮族を撃退し，ローマ軍攻勢に転じる．マルクスはカルヌントゥムに布陣．

173　再度カルヌントゥムに布陣．

174　シルミウムに布陣，皇后ファウスティナと娘サビナが慰問．

175　東方でカッシウスの反乱．サルマティア族と休戦協定．コンモドゥスをローマから召喚．東方へ移動中，皇后没(45歳)．

176　秋：コンモドゥスを伴ってローマに帰還．12月23日：凱旋式挙行．

177　1月1日：コンモドゥス(15歳)共治帝に．

178　コンモドゥス(16歳)，クリスピナと結婚．8月3日：コンモドゥスと共に北方戦線に向かう．

179　北方の諸部族を撃破．

180　3月17日：シルミウム近郊でマルクス没(58歳)．

著者紹介
荻野弘之
上智大学文学部哲学科教授
1957 年東京生まれ.
東京大学文学部哲学科卒業, 同大学院博士課程中退.
東京大学教養学部助手, 東京女子大学助教授を経て 99 年より現職. 中世思想研究所長.
現在, 英国オクスフォード大学にて客員滞在中.
西洋古代哲学, 教父哲学専攻.
(主要著書)
『哲学の饗宴──ソクラテス・プラトン・アリストテレス』(NHK 出版)
『哲学の原風景──古代ギリシアの知恵とことば』(NHK 出版)
『神秘の前に立つ人間──キリスト教東方の霊性を拓く』(編著, 新世社)ほか

書物誕生──あたらしい古典入門
マルクス・アウレリウス『自省録』──精神の城塞

2009 年 7 月 17 日　第 1 刷発行
2024 年 9 月 13 日　第 6 刷発行

著　者　荻野弘之《おぎのひろゆき》

発行者　坂本政謙

発行所　株式会社 岩波書店
〒101-8002 東京都千代田区一ツ橋 2-5-5
電話案内 03-5210-4000
https://www.iwanami.co.jp/

印刷・法令印刷　カバー・半七印刷　製本・牧製本

ISBN 978-4-00-028293-2　Printed in Japan

書物誕生 あたらしい古典入門

編集 内山勝利・丘山新・杉山正明

小南一郎
『詩　経』――歌の原始

橋本秀美＊
『論　語』――心の鏡

大木　康＊
『史記』と『漢書』――中国文化のバロメーター

神塚淑子
『老　子』――〈道〉への回帰

平田昌司＊
『孫　子』――解答のない兵法

中島隆博＊
『荘　子』――鶏となって時を告げよ

宇佐美文理＊
『歴代名画記』――〈気〉の芸術論

釜谷武志
陶淵明――〈距離〉の発見

興膳　宏
杜　甫――憂愁の詩人を超えて

金　文京
李　白――漂泊の詩人　その夢と現実

木下鉄矢＊
朱　子――〈はたらき〉と〈つとめ〉の哲学

小川　隆＊
『臨済録』――禅の語録のことばと思想

並川孝儀
『スッタニパータ』――仏教最古の世界

赤松明彦
『バガヴァッド・ギーター』
――神に人の苦悩は理解できるのか？

小杉　泰＊
『クルアーン』――語りかけるイスラーム

西村賀子
ホメロス『オデュッセイア』
――〈戦争〉を後にした英雄の歌

中務哲郎
ヘロドトス『歴　史』――世界の均衡を描く

逸身喜一郎
ソフォクレース『オイディプース王』とエウリーピデース『バッカイ』
――ギリシャ悲劇とギリシャ神話

内山勝利
プラトン『国　家』――逆説のユートピア

小池澄夫・瀬口昌久
ルクレティウス『事物の本性について』――愉しや、嵐の海に

高橋宏幸＊
カエサル『ガリア戦記』――歴史を刻む剣とペン

小川正廣＊
ウェルギリウス『アエネーイス』
――神話が語るヨーロッパ世界の原点

荻野弘之
マルクス・アウレリウス『自省録』――精神の城塞

松﨑一平
アウグスティヌス『告白』――〈わたし〉を語ること……

＊品切
2024年9月現在

岩波書店